HEYNE <

Über die Autorin:

Angela Troni, geboren 1970, hat mehrere Jahre in einem großen deutschen Verlag gearbeitet, bevor sie sich 1999 als freie Lektorin, Autorin und Übersetzerin selbstständig machte. Im Heyne Verlag sind von ihr bislang *Die döøfsten Deutschfehler. Sprachliche Stolperfallen und wie man sie umgeht* sowie *Spaß beiseite! Deutschland für Anfänger* erschienen. Angela Troni lebt und arbeitet in München.

Angela Troni

Die richtigste Rechtschreibung

Die dööfsten Deutschfehler

Teil 2

WILHELM HEYNE VERLAG
MÜNCHEN

Der Text auf S. 14 ist der Website
www.r-ene.de entnommen.

FSC
Mix
Produktgruppe aus vorbildlich bewirtschafteten Wäldern und anderen kontrollierten Herkünften
Zert.-Nr. SGS-COC-1940
www.fsc.org
© 1996 Forest Stewardship Council

Verlagsgruppe Random House FSC-DEU-0100
Das für dieses Buch verwendete FSC-zertifizierte Papier
München Super liefert Mochenwangen.

Originalausgabe 11/2007

www.heyne.de
Printed in Germany 2007
Umschlaggestaltung: eisele grafik-design, münchen
Satz: C. Schaber Datentechnik, Wels
Druck und Bindung: GGP Media GmbH, Pößneck

ISBN 978-3-453-68524-6

Inhalt

Herzlich willkommen im Rechtschreib-Dschungel

Treten Sie ein, kommen Sie näher, bewundern Sie die Vielfalt der Möglichkeiten – hier bei uns im Rechtschreib-Dschungel. Selten hat man eine solche Artenvielfalt gesehen, nie zuvor gab es so viele verschiedene Schreibweisen für ein einziges Wort, hatte der Schreibende diese Qual der Wahl. Zücken Sie also Bleistift und Radiergummi, Kugelschreiber und Tipp-Ex, deaktivieren Sie die automatische Rechtschreibkorrektur Ihres PCs und folgen Sie uns auf unserer Expedition ins Wortreich. Für Spannung und jede Menge Überraschungen ist gesorgt. Lassen Sie sich verzaubern von der Vielzahl der gültigen Varianten, schauen Sie hier, prüfen Sie da, und suchen Sie sich Ihre persönliche Lieblingsversion aus. Im reichhaltigen Angebot der deutschen Sprache ist sicher für jeden (noch so ausgefallenen) Geschmack etwas dabei ...

Nun ja, ganz so willkürlich geht es in der deutschen Rechtschreibung natürlich nicht zu, auch wenn es bisweilen den Anschein haben mag. Zwar hat sie sich dank der Entwicklung der letzten Jahre und aufgrund des mehrere Jahre währenden Streits um die lang geplanten und noch länger überarbeiteten Reformen zu einem dichten Dschungel entwickelt, dennoch gelten nach wie vor gewisse Regeln. Selbst wenn so gut wie niemand mehr weiß, welche.

Um bei diesem nicht länger tolerierbaren Zustand Abhilfe zu schaffen, sind in den folgenden Kapiteln sämtliche geltenden Regeln aufgeführt, erklärt und anhand zahlreicher Beispiele und Eselsbrücken dargestellt. Dieses Buch möge Ihnen dabei helfen, den Dschungel an vermeintlichen Vereinfachungen sowie neuen und wieder zurückgenommenen Regeln zu durchdringen und dennoch nicht den Spaß an der deutschen Sprache zu verlieren. Humor ist bekanntlich, wenn man trotzdem lacht. Wem das Lachen inzwischen jedoch vergangen ist, der kann es ja mit Singen versuchen. Daher hier erst mal noch rasch ein Lied ... und zwar zur Melodie von »Zehn kleine Negerlein«:

Eine kleine Rechtschreibreform, der war gar niemand treu,
drum gab es bald 'ne Kommission, die machte alles neu.

Zwei kleine Rechtschreibreformen, die sorgten für reichlich Bohei,
drum trat der Rechtschreibrat zusammen und erfand schnell
Reform drei.

Drei kleine Rechtschreibreformen, denen verschloss sich jede Tür,
drum revidierte man dies und das, und plötzlich waren es vier.

Vier kleine Rechtschreibreformen, die ernteten viel Schimpf,
drum hob man noch ein paar Regeln auf, und prompt galt
Nummer fünf.

Fünf kleine Rechtschreibreformen, die waren wie verhext,
drum setzte man sich erneut zusammen und gebar Reförmchen
sechs.

Sechs kleine Rechtschreibreformen, die wurden quittiert mit
Hieben,
drum tagte die nimmermüde Kommission und heraus kam
Reform sieben.

Sieben kleine Rechtschreibreformen, die sorgten fast nur für
Zwietracht,
drum versuchte man's allen recht zu machen und kreierte
Reform Nummer acht.

Acht kleine Rechtschreibreformen, über die konnt' sich niemand mehr freu'n,
drum gab's einen allerletzten Versuch, und der Reformen waren es neun.

Neun kleine Rechtschreibreformen, die bleiben nun angeblich besteh'n,
doch das ist wohl kaum das End vom Lied, gewiss sind es bald zehn.

Wie alles begann

Titanic kehrt zurueck zur ganz alten Rechtschreybung. Bitte stellen Sie Ihro Browser zur Betrachtung unserer Seite fuerderhin auf Frakturschrift um.

Titanic-Homepage

Es war einmal eine Rechtschreibreform – so weit, so schön. Wäre es im Jahr 1996 schlicht bei der von Deutschland, Österreich und der Schweiz gemeinsam beschlossenen Neuregelung der deutschen Rechtschreibung geblieben, dann wäre die deutsche Orthografie-Welt auch nach wie vor in Ordnung. Zwar hätten ein paar Zeitungen sich dem Vorhaben verweigert, einige Verlage hätten gemeckert und manche Schriftsteller die Neuerungen einfach ignoriert. Doch früher oder später wäre wieder Ruhe eingekehrt, und wenn es erst im Zuge der Fußball-WM-Euphorie im Jahr 2006 gewesen wäre. Aber immerhin würde dann zumindest ein Großteil der deutschen Bevölkerung einheitlich schreiben. Was ist stattdessen passiert? Ein schönes Durcheinander, wie die folgende Zeittafel zeigt. Doch beginnen wir ruhig ganz von vorn:

1880 Erscheinungsjahr des »Urdudens« mit dem Titel *Vollständiges Orthographisches Wörterbuch der deutschen Sprache*, verfasst von Konrad Duden, sozusagen der Grundstein einer einheitlichen deutschen Rechtschreibung.

1901 In Berlin findet die II. Orthographische Konferenz statt, bei der eine einheitliche Rechtschreibung für Schulen festgelegt wird, verbindliche Grundlage ist Dudens *Orthographisches Wörterbuch.*

1915 Das *Orthographische Wörterbuch* wird mit dem Buchdruckerduden zusammengefasst, das neue Regelwerk heißt nun *Duden – Rechtschreibung der deutschen Sprache und der Fremdwörter* und prägt die deutsche Rechtschreibung für mehrere Jahrzehnte.

1980 Gründung des Internationalen Arbeitskreises für die Rechtschreibreform (IAR).

1992 Der IAR legt einen zwischen Deutschland, Österreich und der Schweiz abgestimmten Vorschlag zur Neuregelung der deutschen Rechtschreibung vor.

1995 Nach diversen Einsprüchen und gescheiterten Anläufen stimmen die Kultusminister einer überarbeiteten Fassung des Vorschlags zu.

1996 In der Wiener Absichtserklärung beschließen die Vertreter der deutschsprachigen Staaten, dass die Neuregelung am 01.08.1998 in Schulen und Behörden in Kraft treten soll, bis 2005 sollen übergangsweise auch die alten Schreibweisen geduldet werden.

1996 bis 1999 Auf der Frankfurter Buchmesse fordern einhundert Wissenschaftler und Schriftsteller den sofortigen Stopp der Reform, woraufhin eine öffentliche Diskussion in Gang gesetzt wird.

1999 Am 01.08.1999 wird die neue Rechtschreibung verbindlich bei den deutschen Nachrichtenagenturen eingeführt.

2004 Da die Kritik an den Neuregelungen (trotz bereits erfolgter Änderungen am Regelwerk von 1996) nicht abreißt, wird der Rat für deutsche Rechtschreibung ins Leben gerufen, der noch einmal neue Vorschläge erarbeiten soll. *Spiegel* und *Süddeutsche Zeitung* kehren zunächst zur alten Rechtschreibung zurück, um wenig später von der Rückkehr zur alten Rechtschreibung zurückzutreten. Der Axel Springer Verlag und damit die *Bild*-Zeitung sind da schon konsequenter: Sie bleiben (vorläufig) beim ersten Rücktritt.

2005 Spätestens seit der Rat für deutsche Rechtschreibung erneut neue Vorschläge, also die wiederholte Reform der Reform, vorgelegt hat, versteht niemand mehr irgendwas. Ein jeder bastelt sich seine eigene Rechtschreibung, und ein munteres Hopping zwischen alter und neuer Schreibung wird in Gang gesetzt. Die *Bild*-Zeitung kehrt nun doch von der neuen zur alten Rechtschreibung zurück – oder umgekehrt. Inzwischen ist sowieso alles egal, und auch die *FAZ* kann drucken, wie sie will, ohne dass es noch jemand zur Kenntnis nimmt.

2006 Nachdem die Ministerpräsidenten aller Bundesländer die letzten Änderungen des Rats für deutsche Rechtschreibung abgesegnet haben, tritt die mehrfach reformierte Reform am 01.08.2006 in Behörden und Schulen in Kraft. Zu Protesten sieht sich so gut wie niemand mehr in der Lage.

Kurz gesagt: Die Reform wurde durch das mehrfache Reformieren, Revidieren und Verschlimmbessern so lächerlich gemacht, dass inzwischen niemand mehr die (zum Teil alten) neuen Rechtschreibregeln ernst nimmt. Das Ende vom Lied: Jeder schreibt, wie er will, keiner kann sich merken, was alt, neu, wieder alt und überhaupt Usus ist, und die Republik lebt im Rechtschreibchaos.

War noch was?

Ach ja: Für alle, denen die Reform von der Reform von der Reform von der Reform nicht weit genug geht, folgt hier noch ein ganz besonders ausgetüfteltes Reformkonzept, das garantiert keine Wünsche mehr offenlässt. Zum ersten und wahrscheinlich auch einzigen Mal in der bewegten Geschichte der deutschen Rechtschreibung wurde bei diesem Vorschlag tatsächlich an alles, ja wirklich A-L-L-E-S, gedacht.
Doch lesen Sie selbst und stellen Sie fest: Wer kann dazu schon Nein/nein sagen?

Erster Schritt: Wegfall der Großschreibung

einer sofortigen einführung steht nichts mehr im weg, zumal schon viele grafiker und werbeleute zur kleinschreibung übergegangen sind.

zweiter schritt: wegfall der dehnungen und schärfungen

diese masname eliminiert schon di gröste felerquele in der grundschule, den sin oder unsin unserer buchstabenverdopelung hat ohnehin nimand kapirt.

driter schrit: v und ph werden ersetzt durch f, z wird ersetzt durch s, sch verkürzt sich auf s

das alfabet wird um swei buchstaben redusiert, sreibmasine und setsmasinen fereinfachen sich, wertfole arbeitskräfte könen der wirtsaft sugefürt werden.

firter srit: g, c und ch werden ersetst durch k; j und y werden ersetst durch i

ietst sind son seks bukstaben auskesaltet, di sulseit kann sofort fon neun auf swei iare ferkürst werden, anstat aktsik prosent rektsreibunterikt könen nütslikere fäker wi fisik, kemi oder auk reknen mehr kepflekt werden.

fünfter srit: wekfal der umlaute

ales uberflusike ist ietst auskemertst, di ortokrafi wider sklikt und einfak. naturlik benotikt es einike seit, bis dise fereinfakung uberal riktik ferdaut ist, fileikt ein bis swei iare. anslisend durfte als nekstes sil di fereinfakung der nok swirikeren und unsinikeren kramatik anfisirt werden.

sekster srit: wekfal der lerseiken

eineserguteidedendadurkspartmanfilplats.

Die »ultimativsten« Rechtschreibtests

Na, wie halten Sie es denn so mit der deutschen Rechtschreibung? Alt oder neu? Oder doch das eine hier und das andere da – also nichts Halbes und nichts Ganzes und im Grunde ein riesiges Kuddelmuddel?

Wenn Sie zu den Verfechtern der Alles-muss-neu-Fraktion gehören, sind Sie bei den folgenden Tests sicher im Vorteil gegenüber all jenen Besitzstandswahrern, die sich gegen jeden Buchstaben sträuben, den ihnen der reformwütige Rat für deutsche Sprache nehmen will.

Denn hier geht es ausschließlich um die Schreibweisen, die seit August 2006 verbindlich gelten. Stellen Sie Ihre Kenntnisse jetzt auf die Probe und finden Sie heraus, ob Sie sich entspannt zurücklehnen können, weil Sie die neuen Regeln bereits verinnerlicht haben und fehlerfrei anwenden können. Oder ob bei Ihnen dringend Nachholbedarf besteht und Sie sich dieses Buch am besten unters Kopfkissen legen sollten.

Der Test ist in drei Stufen eingeteilt: Greenhorns, Otto Normalverbraucher und Profis.

Wenn Sie sich im Umgang mit der neuen Rechtschreibung noch extrem unsicher fühlen, dann lesen Sie erst das Buch, bevor Sie sich an die Tests wagen – schließlich können Verlag und Autorin nicht dafür haftbar gemacht werden, wenn Sie sich vor lauter Frust etwas antun.

Der Greenhorn-Test – ein bisschen Spaß muss sein

Zwar heißt es immer: Aller Anfang ist schwer, doch beginnen wir hier ruhig einmal – wie auch in der Rechtschreibung durchaus üblich – mit einer Ausnahme von dieser Regel. Betrachten Sie den Greenhorn-Test daher einfach als Aufwärmtraining, das Sie auf die späteren, anstrengenderen Aufgaben vorbereiten soll. Gehen Sie das Ganze also möglichst locker an, aber vergessen Sie nicht, dass wir Ihnen durchaus die eine oder andere versteckte Hürde stellen, denn: Ein bisschen Spaß soll schließlich sein!

Teil 1: Mut zur Lücke

Beweisen Sie, dass Sie auch vor Lücken nicht zurückschrecken, sondern zücken Sie einen Bleistift und ergänzen Sie den folgenden Lückentext. Auch hier lauert der Teufel im Detail, also lassen Sie Vorsicht walten.

Vor ne___enovierten Wohnungen sollten Sie sich in _cht nehmen – zumindest sprachlich.
Wenn Sie allen Ernstes glauben, eine ne___enovierte Wohnung sei besser in Schu_ als eine renovierte, dann seien Sie bitte nicht enttäuscht über eventuell fehlenden Zie_at und sehen Sie davon ab, gleich alles i___rage zu stellen. Sie haben da n_mlich leider etwas mi___verstanden und sind zwar keinem bel_mmerten Makler oder poten_iellen Vermieter, dafür aber einem waschechten Pleonasmus aufgesessen. Das Fremdwort *renovieren* stammt aus dem _ateinischen und bedeutet wörtlich übersetzt »erneuern« und da steckt – Überraschung – das Adjektiv neu bereits drin. Ein zweites *_eu* ist inhaltlich absolut überflüssig und somit entb___rlich, schließlich wird die Wohnung davon auch nicht neuer. Legen Sie sich also besser nicht mit Ihrem Vormieter an, sonst könnten Sie ihn von seiner ra_en Seite kenne___ernen.

Hier gilt also die Regel: Weniger ist oft mehr! Alles _ndere ist zu aufw_ndig. Wenn _ie _ich das jetzt auf die _chnelle nicht merken können, dann haben wir hier noch etwas ganz _esonderes für Sie: Gena___o furchtbar wie ne___enovierte Wohnungen (aus sprachlicher Sicht) sind (zumindest aus Sicht des künftigen Mieters) al___enovierte Wohnungen. Da haben wir's doch schon: Sie wollen das _ine nicht und die deutsche Grammatik braucht das _ndere nicht – insofern können Sie sich den Zusatz vor renoviert sparen.

Also üben Sie sich bitte künftig in hanseatischer Zurückhaltung, was ne___enovierte Wohnungen, weiße Schimmel, kooperative Zusammenarbeit, wesentliche E___ent___ls, integrale Bestandteile, aufoktroyierte Dinge, Vo_au_etzungen, die mit zu den _ichtigsten gehören, und _ergleichen angeht. Halten Sie sich lieber an den Rat: »Erst denken, dann sprechen.« Es ist das _este, Sie überlegen vorher, was Sie sagen oder schreiben wollen. Sonst könnte Ihrem vor Schreck entsetzten _egenüber die Gesichtsmimik entgleisen. Und das wäre nun wirklich überflü___ig, oder?

(Leicht veränderter Auszug aus:
Angela Troni, *Die dö~~ö~~fsten Deutschfehler.)*

Teil 2: Versmaß und Augenmaß

Die folgenden Gedichte von Friedrich Rückert und Johann Wolfgang Goethe sind ursprünglich natürlich nicht in Großbuchstaben verfasst worden. Bitte schreiben Sie das Gedicht daher noch einmal in die vorgesehenen Zeilen, diesmal jedoch nach der derzeit gültigen amtlichen Orthografie.

FRIEDRICH RÜCKERT – GRAMMATISCHE DEUTSCHHEIT

NEULICH DEUTSCHTEN AUF DEUTSCH VIER DEUTSCHE
DEUTSCHLINGE DEUTSCHEND,
SICH ÜBERDEUTSCHEND AM DEUTSCH, WELCHER DER
DEUTSCHESTE SEI.

VIER DEUTSCHNAMIG BENANNT: DEUTSCH, DEUTSCHERIG, DEUTSCHERLING, DEUTSCHDICH:
SELBST SO HATTEN ZU DEUTSCH SIE SICH DIE NAMEN GEDEUTSCHT.
JETZT WETTDEUTSCHTEN SIE, DEUTSCHEND IN GRAMMATIKALISCHER DEUTSCHHEIT,
DEUTSCHEREN KOMPARATIV, DEUTSCHESTEN SUPERLATIV.
»ICH BIN DEUTSCHER ALS DEUTSCH.« – »ICH DEUTSCHERER.«
»DEUTSCHESTER BIN ICH.«
»ICH BIN DER DEUTSCHERESTE ODER DER DEUTSCHESTERE.«
DRAUF DURCH KOMPARATIV UND SUPERLATIV FORTDEUTSCHEND,
DEUTSCHEN SIE AUF BIS ZUM – DEUTSCHESTERESTERESTEN,
BIS SIE VOR KOMPARATIVISCH- UND SUPERLATIVISCHER DEUTSCHUNG
DEN POSITIV VON DEUTSCH HATTEN VERGESSEN ZULETZT.

Friedrich Rückert – Grammatische Deutschheit

JOHANN WOLFGANG GOETHE – LIEBE

DIE BLEIBT NICHT AUS! ER STÜRZT VOM HIMMEL NIEDER,
WOHIN ER SICH AUS ALTER ÖDE SCHWANG,
ER SCHWEBT HERAN AUF LUFTIGEM GEFIEDER
UM STIRN UND BRUST DEN FRÜHLINGSTAG ENTLANG,
SCHEINT JETZT ZU FLIEHN, VOM FLIEGEN KEHRT ER WIEDER,
DA WIRD EIN WOHL IM WEH, SO SÜSS UND BANG.
GAR MANCHES HERZ VERSCHWEBT IM ALLGEMEINEN,
DOCH WIDMET SICH DAS EDELSTE DEM EINEN.

Johann Wolfgang Goethe – Liebe

Teil 3: Silbentrennung tut nicht weh

Trennen Sie die folgenden Wörter nach den gültigen Regeln der neuen deutschen Rechtschreibung, indem Sie alle abzutrennenden Silben mit Bindestrichen markieren, also: Haus-auf-ga-ben. Beachten Sie dabei, dass es bei manchen Begriffen durchaus mehrere Varianten gibt.

Interesse ______________________

Problem ______________________

Opernabend ______________________

Plastikdeckel ______________________

Signalanlage ______________________

Februarsonne ______________________

Fensterscheibe ______________________

Uferpromenade ______________________

hinaufgehen ______________________

Vorstandsmitglied ______________________

Helikopter ______________________

Monarch ______________________

Sozialpädagogin ______________________

warum ______________________

Chrysantheme ______________________

Magnettafel ______________________

Individualist ______________________

GRÜSSE ______________________

Zuckerhut ______________________

Teltower Rüben ______________________

Städter ______________________

Brauereipferd ______________________

irreal ______________________

Cashewkerne ______________________

Hektar ______________________

Der Otto-Normalverbraucher-Test – jetzt mal Spaß beiseite

Wenn Sie durch den ersten Test gut – womöglich sogar fehlerfrei – durchgekommen sind, sollten Sie sich nicht auf Ihren Lorbeeren ausruhen, sondern gleich weitermachen und beweisen, was Sie können. Hier wird es nun schon ein wenig vertrackter und auch die eine oder andere Ausnahme von der Regel könnte eine Rolle spielen. Also: Lassen Sie Vorsicht walten und sehen Sie lieber zweimal hin, bevor Sie die richtige Antwort ankreuzen. Denn oft ist es anders, als es auf den ersten Blick scheint – auch in der deutschen Rechtschreibung.

Teil 1: Wer weiß was?

In diesem Teil sind die Fragen schon nicht mehr ganz so leicht. Lassen Sie sich dennoch nicht ins Bockshorn jagen und kreuzen Sie einfach die Antworten an, die sie – je nach Fragestellung – für richtig oder falsch halten.

1. *Wie schreibt man richtig?*

   ☐ a) Spaghetti
   ☐ b) Spagetti
   ☐ c) Spaghettis
   ☐ d) Spagettis

2. *Die Sätze in dieser Aufgabe sind alle korrekt, bis auf einen. Welcher ist das?*

   ☐ a) Die Maas ist ein berühmter deutscher Fluss.
   ☐ b) Auf dem Münchner Oktoberfest bestellt man eine Maß Bier.
   ☐ c) In der Masse der Menschen ging er völlig unter.
   ☐ d) Bei seiner Schilderung des Unfallhergangs hat er maßlos übertrieben.

3. *Welche der folgenden Schreibweisen sind falsch?*

- ❑ a) Schifffahrt
- ❑ b) Schiffahrt
- ❑ c) Schiff-Fahrt
- ❑ d) Schifahrt

4. *In welchem Satz findet sich ein Fehler?*

- ❑ a) Am liebsten esse ich zu Hause bei meiner Mutter.
- ❑ b) Von einem Tag auf den anderen hatte er kein Zuhause mehr.
- ❑ c) Bei uns zuhause in Österreich ist das aber anders.
- ❑ d) Nach der Weihnachtsfeier gingen sie zu Fuß nach Hause.

5. *Welche der nachfolgenden Wörter sind korrekt geschrieben?*

- ❑ a) Seele
- ❑ b) seelenverwandt
- ❑ c) seelig
- ❑ d) Seelsorger

6. *Der nachfolgende Satz stammt aus einem Brief. Welche der vier Varianten sind richtig?*

- ❑ a) Hast du inzwischen mit deiner Frau gesprochen? Wir würden uns sehr freuen, wenn Ihr euch bald entscheiden könntet.
- ❑ b) Hast Du inzwischen mit Deiner Frau gesprochen? Wir würden uns sehr freuen, wenn ihr euch bald entscheiden könntet.
- ❑ c) Hast du inzwischen mit deiner Frau gesprochen? Wir würden uns sehr freuen, wenn Ihr Euch bald entscheiden könntet.
- ❑ d) Hast Du inzwischen mit deiner Frau gesprochen? Wir würden uns sehr freuen, wenn ihr Euch bald entscheiden könntet.

7. *Wie lautet die korrekte Pluralform von Lady?*

- ❑ a) Ladies
- ❑ b) Lady's
- ❑ c) Ladys
- ❑ d) Ladie's

8. *Richtig oder falsch?*

- ❑ a) Die Thüringer Rostbratwürste waren völlig verkohlt und schmeckten widerlich.
- ❑ b) Die thüringer Rostbratwürste waren völlig verkohlt und schmeckten widerlich.
- ❑ c) Die Thüringischen Rostbratwürste waren völlig verkohlt und schmeckten widerlich.
- ❑ d) Die thüringischen Rostbratwürste waren völlig verkohlt und schmeckten widerlich.

9. *Wenn zwei zusammen schreiben, muss man das noch lange nicht zusammenschreiben.*

- ❑ a) Der Satz ist falsch. Man muss das Verb beide Male zusammenschreiben.
- ❑ b) Der Satz ist richtig.
- ❑ c) Der Satz ist falsch. Man muss das Verb beide Male auseinanderschreiben.
- ❑ d) Der Satz ist falsch. Er lautet korrekt: Wenn zwei zusammenschreiben, muss man das noch lange nicht zusammen schreiben.

10. *Komm ich heut' nicht, komm ich morgen – nur wie ist es richtig?*

- ❑ a) Heute morgen war es vielleicht kalt draußen.
- ❑ b) Heute oder Morgen kommt der Handwerker vorbei, um die Waschmaschine anzuschließen.

- ❑ c) Von heute auf morgen dürfen wir unsere Überstunden nicht mehr abfeiern, sondern müssen sie uns auszahlen lassen.
- ❑ d) Da muss ich Sie leider auf Morgen vertrösten, wir haben schon geschlossen.

11. *Wenn etwas lebensnotwendig oder sehr wichtig ist, dann ist es …*
    - ❑ a) esenziell
    - ❑ b) essentiel
    - ❑ c) essenziell
    - ❑ d) essentiell

12. *Wenig – weniger – am wenigsten. Die folgenden Formulierungen meinen alle das Gleiche, doch sind sie auch alle gleich richtig?*
    - ❑ a) Seine Weibergeschichten interessieren mich nicht im mindesten.
    - ❑ b) Seine Weibergeschichten interessieren mich nicht im entferntesten.
    - ❑ c) Seine Weibergeschichten interessieren mich nicht im leisesten.
    - ❑ d) Seine Weibergeschichten interessieren mich nicht im geringsten.

13. *Rechthaberische Menschen setzen in der Rechtschreibung nicht immer auf die richtige Lösung. Welche der Sätze sind falsch?*
    - ❑ a) Wer im recht ist oder nicht, bestimmt die Jury.
    - ❑ b) Alles, was Recht ist, aber das geht jetzt wirklich zu weit.
    - ❑ c) Von rechts wegen sprach nichts gegen die neue Verfassung, die im Januar in Kraft treten sollte.
    - ❑ d) Oliver wollte immer Recht haben, das war gelegentlich recht anstrengend.

14. *Wie muss es richtig heißen.*

- ❑ a) Werner kann keiner Fliege etwas zu leide tun.
- ❑ b) Werner kann keiner Fliege etwas zu Leide tun.
- ❑ c) Werner kann keiner Fliege etwas zuleide tun.
- ❑ d) Werner kann keiner Fliege etwas Zuleide tun.

15. *Die Emanzipation macht auch vor der deutschen Rechtschreibung nicht halt. Welche der beide Geschlechter umfassenden Wortvarianten kann man getrost so stehen lassen?*

- ❑ a) Direktor(-inn)en
- ❑ b) Vertreter/innen
- ❑ c) Mitarbeiter/-innen
- ❑ d) GenossInnen

16. *Heißt es denn nun richtig ...*

- ❑ a) ... Hämoriden?
- ❑ b) ... Hämorriden?
- ❑ c) ... Hämorroiden?
- ❑ d) ... Hämorrhoiden?

17. *Hier steckt der Fehlerteufel im Detail. Wie muss es richtig heißen?*

- ❑ a) Die Lerche wirft im Herbst ihr Laub ab.
- ❑ b) Die Lärche wirft im Herbst ihr Laub ab.
- ❑ c) Die Lärche wirft im Herbst ihr Laub nicht ab.
- ❑ d) Die Lerche wirft im Herbst ihr Laub nicht ab.

18. *Bitte streichen Sie bei den folgenden Sätzen jeweils die falsche Variante durch.*

- ❑ a) Als er von der Verleihung des Bundesverdienstordens zurückkam, bereitete ihm das ganze Dorf einen großen/Großen Bahnhof.

- ❑ b) Mit seiner neuen Freundin hat Dietmar wirklich das große/Große Los gezogen. So eine verständnisvolle Frau findet er nie wieder.
- ❑ c) Die große/Große Koalition regiert nun schon seit über einhundert Tagen, aber von Reformen keine Spur.
- ❑ d) Vergangene Nacht war der große/Große Wagen ganz wunderbar zu sehen.

19. *Wenn man abwärtsgeht, muss es mit einem noch lange nicht abwärts gehen – oder umgekehrt. Welche der Sätze sind richtig?*
    - ❑ a) Ich habe solchen Muskelkater, denn wir sind gestern fast nur abwärtsgegangen.
    - ❑ b) Sollten wir heute Abend abwärtsgehen und nicht fahren, kann ich auf der Berghütte ein Bier mehr trinken.
    - ❑ c) Wolfgang kann nicht länger zusehen, wie es mit seinem besten Freund seit dessen Scheidung abwärtsgeht.
    - ❑ d) Seit mein Großvater im Altenheim ist, ist es mit seiner Gesundheit rapide abwärts gegangen.

20. *Für Vertraulichkeiten aller Art gibt es viele Bezeichnungen. Wie wäre es denn mit ...*
    - ❑ a) ... tête-à-tête?
    - ❑ b) ... Tete-a-Tete?
    - ❑ c) ... tête-á-tête?
    - ❑ d) ... Tête-à-Tête?

Teil 2: Entweder – oder

Die nachfolgend aufgelisteten Wörter unterscheiden sich alle durch ein winziges, aber entscheidendes Detail. In der Regel ist jedoch nur eine von beiden Varianten richtig. Bitte machen Sie in jeder Zeile hinter der Schreibung ein Kreuz, die Sie für korrekt halten.

brilliant	❑	brillant	❑
Stegreif	❑	Stehgreif	❑
CD's	❑	CDs	❑
Akquisition	❑	Aquisition	❑
parallel	❑	paralell	❑
Lybien	❑	Libyen	❑
skurril	❑	skuril	❑
Karrikatur	❑	Karikatur	❑
Zucchini	❑	Zuchini	❑
fröhnen	❑	frönen	❑
Rythmus	❑	Rhytmus	❑
periphär	❑	peripher	❑
Stengel	❑	Stängel	❑
gar nicht	❑	garnicht	❑
nämlich	❑	nähmlich	❑
separat	❑	seperat	❑
in punkto	❑	in puncto	❑
orginal	❑	original	❑
nochmal	❑	noch mal	❑
nochmals	❑	noch mals	❑
gang und gebe	❑	gang und gäbe	❑
Seriösität	❑	Seriosität	❑
Philippinen	❑	Phillipinen	❑
bisschen	❑	bischen	❑
projezieren	❑	projizieren	❑
aufs	❑	auf's	❑

Delphin	❑	Delfin	❑
lizensieren	❑	lizenzieren	❑
Tollpatsch	❑	Tolpatsch	❑
tollerant	❑	tolerant	❑
e-mail	❑	E-Mail	❑
Strasse	❑	Straße	❑
hanebüchen	❑	hahnebüchen	❑
Einfallspinsel	❑	Einfaltspinsel	❑
Entgeld	❑	Entgelt	❑

Teil 3: Zeichen setzen

Bei Kommata und Co. soll ja nun alles ganz einfach sein. Mal sehen, ob diese Aussage so stimmt oder ob die Tücken zwar deutlich weniger geworden, aber deswegen noch lange nicht leichter zu bewerkstelligen sind. Zücken Sie also den Stift und setzen Sie Zeichen – nur bitte die richtigen!

Fügen Sie zunächst bei den nachfolgenden Sätzen überall dort ein Komma ein, wo eines stehen kann:

1. Das blaue Kleid das sie gestern noch im Schaufenster gesehen hatte war leider nicht mehr da.
2. Einmal im Leben einen Marathon zu laufen das war ihr großer Wunsch.
3. Die Möbel trafen schneller ein als erwartet. Und zwar wirklich viel schneller als sie je erwartet hatten.
4. Ich soll meine Großmutter vom Bahnhof abholen. Sie kommt am Freitag um vier Uhr an.

5. Eines herrlich sonnigen Montagmorgens im Frühling während des Sonnenaufgangs fingen die großen schwarzen Vögel direkt vor ihrem weit geöffneten Fenster an zu zwitschern und holten sie nach nur wenigen Stunden aus ihrem wohlverdienten Schlaf.
6. Steffi hat ihr Diplom mit Auszeichnung bestanden und ich habe ihr dazu gratuliert.
7. »Wieso hast du mich nicht angerufen als du nach Hause gekommen bist?« fragte sie ihn empört.
8. Ich hoffe meine Absage ist noch rechtzeitig bei Ihnen eingetroffen und bitte um Ihr Verständnis.
9. Sie fragte sich ob er sie richtig verstanden hatte und ob er das Auto in die Werkstatt brachte.
10. Unsere chinesische Austauschstudentin kommt am Montag den 7. August an.

Fügen Sie nun bei den nachfolgenden Sätzen lediglich die Kommas ein, die unbedingt gesetzt werden müssen:

1. Claudia holte ihre Freundin nach der Arbeit ab und zusammen fuhren sie mit der U-Bahn ins Kino.
2. Den Vorsatz abzunehmen hatte sie nicht erst an Silvester sondern schon viel früher gefasst.
3. Anstatt für die Matheklausur zu lernen ging Michael lieber mit seinen Freunden auf den Bolzplatz.
4. Ihre Anfrage betreffend müssen wir Ihnen leider mitteilen dass wir in der gewünschten Zimmerkategorie ausgebucht sind.
5. Wenn ich am Sonntag nicht arbeiten muss können wir gerne zum Baden an den See fahren von dem du mir neulich erzählt hast.

6. Elvira sprang ohne zu zögern aus dem fahrenden Zug um den Dieb aufzuhalten.
7. Durch das tägliche Training daran gewöhnt standen sie den Wettbewerb ohne Probleme durch.
8. Der Mann rief: »Jetzt bleib doch mal stehen!« und band sich hastig den Schuh zu.
9. Genau so mit angelegten Ohren hatte das Pferd auch gestern auf die neue Reiterin reagiert.
10. Die Schwaben können ja bekanntlich alles außer Hochdeutsch.

Der Profi-Test – da hört der Spaß auf

Wenn Sie sich an den Profi-Test wagen, sollten Sie sich Ihrer Sache schon recht sicher sein. Denn hier lauern die richtig kniffligen Fragen und treiben Ihnen die Schweißperlen auf die Stirn. Wenn Sie bei den beiden ersten Tests Schwierigkeiten hatten, sollten Sie sich diesen Härtetest vielleicht besser für später aufheben. Bei den Rechtschreibtücken, um die es hier hauptsächlich geht, hört nämlich wahrhaftig jeder Spaß auf.

Teil 1: Ein Kessel Buntes

Von allem nur das Schwerste, lautet die Maxime bei diesem Teil des Rechtschreibtests. Nur die kniffligsten Fälle und Fragen waren gut genug, um in die engere Auswahl zu kommen – nun dürfen Sie zeigen, was Sie wirklich können. Kreuzen Sie bei jedem der nachfolgenden Sätze bitte an, ob er Ihrer Meinung nach richtig (**R**) oder falsch (**F**) ist.

1. Als er das Plakat mit der Kinowerbung sah, blieb er neugierig vor der Litfasssäule stehen. **R** ❑ **F** ❑

2. Elena ist ja totblass. Wenn Sie so weitermacht, dann arbeitet sie sich noch tot. **R** ❑ **F** ❑

3. Die mozart'schen Sinfonien sind für ihn immer noch unübertroffen. **R** ❑ **F** ❑

4. Das Übersetzungsbüro kündigte seinen Kunden an, die Preise 6-monatlich um ein 100stel zu erhöhen. **R** ❑ **F** ❑

5. In bezug auf gewisse Wörter hat sich bei der Groß- und Kleinschreibung auch durch die Reform nichts geändert. **R** ❑ **F** ❑

6. Bei der Klimakonferenz in Heiligendamm war wieder einmal die Rede von »Dingen der Unmöglichkeit«. R ❑ F ❑

7. Lena tat alles, um bei dem Konzert dabei sein zu können. Dabeisein war schließlich alles! R ❑ F ❑

8. Der neue Hit von Madonna landete wie erwartet auf Anhieb in den Top-Ten. R ❑ F ❑

9. Der deutschfranzösische Grenzübergang ist schon seit einigen Jahren ohne Ausweispapiere passierbar. R ❑ F ❑

10. Als ihre Tochter zum dritten Mal deutlich später als Mitternacht nach Hause kam, sagte sie: »Das geht so nicht.« R ❑ F ❑

11. Mit so viel Glück hatte Eva nicht gerechnet. In der Oper lag tatsächlich noch ihr Portemonnaie unterm Sitz. R ❑ F ❑

12. Als sie den verletzten Radfahrer sah, zögerte sie keine Sekunde und leistete sofort erste Hilfe. R ❑ F ❑

13. Petra und Holger sind umgezogen. Seit August wohnen sie in der Richard Wagner-Straße. R ❑ F ❑

14. Die Bemerkung des Staatsanwalts über den Angeklagten war an Rohheit nicht zu übertreffen. R ❑ F ❑

15. Als Roland merkte, dass sein Fahrrad gestohlen war, erstattete er Anzeige gegen unbekannt. R ❑ F ❑

16. Dass die Politiker ständig etwas versprechen, das sie nicht halten, dass finde ich nicht gut. R ❑ F ❑

17. Als Laura erfuhr, dass sie die Führerscheinprüfung verpatzt hatte, waren alle Hoffnungen zunichte-gemacht. R ❑ F ❑

18. In der Menschenmenge auf dem Flughafen wäre der kleine Benjamin beinahe verlorengegangen. R ❑ F ❑

19. Während sie das Gemüse kleinschnitt, schimpfe er: »Kannst du die Möhren denn nicht kleiner schneiden?« R ❑ F ❑

20. Die New-Yorker sind schon seltsame Menschen, aber sie sind bei weitem freundlicher als erwartet. R ❑ F ❑

Teil 2: Strich oder kein Strich – das ist hier die Frage

Bindestriche dienen häufig der besseren Übersichtlichkeit und der Gliederung von Wörtern, außerdem verbinden sie, was zusammengehört. Allerdings kann man manchmal auch darauf verzichten – man muss nur wissen, wann ... Bitte unterstreichen Sie die jeweils richtige/-n Variante/-n.

Apfel-, Orangen- und Birnensaft

ODER Apfel, Orangen und Birnensaft?

8fach ODER 8-fach?

Ein und Ausgang ODER Ein- und Ausgang?

Hot Spot ODER Hot-Spot?

7-mal ODER 7mal?

68er ODER 68-er?

Boogie Woogie ODER Boogie-Woogie?

hin- und herüberlegen ODER hin und her überlegen?

Georg-Büchner-Preis ODER Georg Büchner-Preis?

Sichausweinen ODER Sich-Ausweinen?

Short Story ODER Short-Story?

Herzlungenmaschine ODER Herz-Lungen-Maschine?

4-Zylinder ODER 4Zylinder?

PDSler ODER PDS-ler?

Zum Aus-der-Haut-Fahren ODER aus der Haut fahren?

Ich-Sucht ODER Ichsucht?

Midlife-Crisis ODER Midlifecrisis?

Inkrafttreten ODER In-Kraft-Treten?

Makeup ODER Make-up?

Kfz-Papiere ODER Kfz Papiere?

Tufffelsen ODER Tuff-Felsen?

röm.-kath. ODER röm. kath.?

Fast Food ODER Fast-Food?

13-jährig ODER 13jährig?

xte ODER x-te?

Teil 3: Jetzt wird's theoretisch

Wer bei den bisherigen Tests mehr nach Bauch denn nach Verstand agiert und sich irgendwie durchgemogelt hat, der wird hier nun an seine Grenzen stoßen. Denn bei dieser Aufgabe sind vor allem Wissen und Fachkenntnisse gefragt – und die fallen nun mal nicht vom Himmel. Legen Sie sich also ins Zeug und beweisen Sie, dass Sie die Regeln der deutschen Rechtschreibung nicht nur intuitiv und auf gut Glück (häufig) richtig anwenden, sondern dass Sie ein echter Profi sind, der mit allen Wassern gewaschen ist. Viel Erfolg!

1. *Warum sind sowohl der Satz »Die großen Kinder ärgern immer die kleinen« als auch die Wendung »Die Großen und die Kleinen vertragen sich nicht« korrekt?*

   ❑ a) Der erste Satz ist gar nicht korrekt, er muss vielmehr »Die großen Kinder ärgern immer die Kleinen« lauten.
   ❑ b) Weil im ersten Satz »kleinen« als Adjektiv gebraucht ist und im zweiten als Substantiv.
   ❑ c) Weil im ersten Satz »kleinen« als Attribut gebraucht ist und im zweiten als Substantiv.
   ❑ d) Weil im ersten Satz »kleinen« als Adverb gebraucht ist und im zweiten als Substantiv.

2. *Treffen bei zusammengesetzten Wörtern drei gleiche Buchstaben aufeinander, werden nach den neuen Regeln alle drei – und nicht wie früher nur zwei – geschrieben, wie zum Beispiel in Schritt-Tempo. Schreibt man das Wort ohne Bindestrich, was ebenfalls erlaubt ist, »darf keiner der drei Buchstaben entfallen«, wie es im Duden so schön heißt. Doch bekanntlich gilt: keine Regel ohne Ausnahme. In diesem Fall gibt es genau drei. Welche?*

   ❑ a) ______________________
   ❑ b) ______________________
   ❑ c) ______________________
   ❑ d) Das stimmt nicht. Es gibt keine Ausnahmen.

3. *Wenn es um die Schreibung von ß und ss geht, gibt es ein paar Ungereimtheiten, die sich auf den ersten Blick nicht erschließen. So zum Beispiel die Schreibung von Bus. Wegen des kurzen Vokals müsste es eigentlich Buss heißen, genau wie in Schluss – im Gegensatz zu Ruß, bei dem der Vokal lang ist. Warum ist das so?*

- ❑ a) Das s in Bus ist nicht in allen Beugungsformen stimmlos, daher wird es nur mit einfachem s geschrieben.
- ❑ b) In Bus folgt ein stimmhaftes s auf den kurzen Vokal, deshalb stehen nicht zwei s.
- ❑ c) Das Wort Bus ist schlicht und ergreifend eine Ausnahme. Es gibt keine Erklärung dafür.
- ❑ d) Das s in Bus ist nicht in allen Beugungsformen stimmhaft, daher wird es nur mit einfachem s geschrieben.

4. *Was ist der Unterschied zwischen einem blau-weißen und einem weißblauen Himmel?*

- ❑ a) Der eine ist in Bayern, der andere in Norddeutschland. In Bayern heißt es nämlich immer weißblau.
- ❑ b) Der weißblaue Himmel ist richtig, der blau-weiße falsch geschrieben, da darf kein Bindestrich hin.
- ❑ c) Der blau-weiße Himmel ist blau mit weißen Wolken durchsetzt und der weißblaue Himmel ist weißlich blau.
- ❑ d) Es gibt keinen Unterschied, sowohl blau-weiß als auch weiß-blau muss immer mit Bindestrich geschrieben werden.

5. *Was muss man bei der Verwendung von drei Auslassungspunkten beachten?*

- ❑ a) Wenn sie am Ende eines Satzes stehen, entfallen alle Satzschlusszeichen.
- ❑ b) Davor und danach stehen immer Leerzeichen.

- ❑ c) Nichts, man kann sie einfach setzen, wie man will.
- ❑ d) Stehen sie mitten im Satz, müssen sie durch eckige Klammern kenntlich gemacht werden.

6. *Warum darf man Wörter wie Hotspot entweder zusammen oder auseinander, also Hot Spot, schreiben, das Wort High Fidelity dagegen lediglich auseinander?*
   - ❑ a) Weil Hotspot eine Verbindung aus zwei Nomen ist, High Fidelity dagegen eine Verbindung aus einem Nomen und einem Adjektiv.
   - ❑ b) Weil High Fidelity nach wie vor als Fremdwort betrachtet wird, Hotspot dagegen längst in den deutschen Sprachgebrauch eingegangen ist und daher wie ein deutsches Wort behandelt wird.
   - ❑ c) Weil bei Hotspot die Hauptbetonung auf dem ersten Wortbestandteil liegt, bei High Fidelity liegt sie dagegen auf beiden.
   - ❑ d) Weil man bei Substantivierungen aus dem Englischen, die wie High Fidelity aus einem Verb und einem Partizip bestehen, nur auseinander schreiben darf.

7. *Lange Zeit durfte man in Deutschland ja Auto fahren, wollte man jedoch das Rad nehmen, musste man radfahren. Diese Ungereimtheit ist zwar inzwischen beseitigt, dennoch heißt es immer noch eislaufen und nicht Eis laufen. Warum?*
   - ❑ a) Das liegt daran, dass bei eislaufen der erste Wortbestandteil ein Partizip ist.
   - ❑ b) Eis laufen schreibt man ebenfalls auseinander, es gibt also gar keinen Unterschied.
   - ❑ c) Weil bei eislaufen das Substantiv verblasst ist und in Verbindung mit dem Verb seine Eigenständigkeit verloren hat.
   - ❑ d) Es ist genau anders herum, man schreibt nach den gültigen Rechtschreibregeln auch radfahren und autofahren.

8. *Es heißt zwar »Ich habe Angst«, aber auch »Mir ist angst«. Gibt es dafür eine logische Erklärung?*

- ❑ a) Nein, bei »Mir ist angst« handelt es sich um eine Ausnahme von der Regel.
- ❑ b) Ja, denn im ersten Satz ist Angst ein Nomen, im zweiten ein Adjektiv.
- ❑ c) Nein, denn es muss korrekt »Mir ist Angst« heißen.
- ❑ d) Ja, denn im ersten Satz ist Angst ein Nomen, im zweiten ein Adverb.

9. *Warum darf man zwar wahlweise »Hunderte von Mücken« oder »hunderte von Mücken« schreiben, wenn man Dutzende verwendet, ist dagegen Großschreibung vorgegeben.*

- ❑ a) Das stimmt so nicht. Dutzend darf auch wahlweiße groß- oder kleingeschrieben werden.
- ❑ b) Hunderte darf man gar nicht kleinschreiben, es muss wie Dutzende großgeschrieben werden.
- ❑ c) Weil Dutzende stets substantivisch gebraucht wird und daher automatisch großgeschrieben werden muss.
- ❑ d) Das liegt daran, dass bei hunderte eine unbestimmte, nicht in Ziffern auszudrückende Menge gemeint ist, bei Dutzende jedoch nicht.

10. *Korrigieren Sie den folgenden Satz so, dass sich die Aussage wesentlich ändert. Sie dürfen dafür jedoch nur ein einziges Zeichen verwenden.*

Gerhard, mein Cousin und ich wollen am Wochenende auf das Open-Air-Konzert in Freising bei München gehen und dort ordentlich abfeiern.

Die döøfsten Rechtschreibfehler

Nachdem Sie die Rechtschreibtests inzwischen hoffentlich erfolgreich hinter sich gebracht haben, wartet nun der praktische Teil dieses Buches mit all den wunderbaren und manchmal auch weniger wunderbaren Änderungen der letzten Rechtschreibreform auf Sie.

Stürzen Sie sich also ins Vergnügen und freuen Sie sich an der durchaus stattlichen Zahl der Vereinfachungen, die Ihnen die neuen Regeln bieten. Falls Sie schon im Vorhinein verzweifeln oder gar aufgeben wollen, lassen Sie sich zweierlei gesagt sein: Sprache »verursacht nun mal Freud und Leid«, wie die Sprachzeitung *Deutsche Sprachwelt* in einer Studie herausfand. Demnach leidet »die Mehrheit der Deutschen unter Sprachverstößen wie Rechtschreibfehlern, Fachchinesisch und übermäßigem Fremdwortgebrauch«, das berichtet zumindest die *Süddeutsche Zeitung.* Und die wird's schon wissen. Außerdem sind die Deutschen ja bekannt dafür, dass sie gerne leiden – und jammern: über das Wetter, die Gesundheitsreform, den Solidaritätsbeitrag und dergleichen. Warum also nicht auch über die Rechtschreibreform? Das ist nur recht und billig. Für alle, die dennoch Trost brauchen: Die beschlossenen Änderungen beziehen sich auf weniger als zehn Prozent der Schreibweisen. Na, wenn das keine positive Nachricht ist.

Also seien Sie bitte so nett und halten Sie sich weitestgehend an die neuen Regeln, auch wenn es die eine oder andere Anstrengung für Sie bedeutet. Schließlich hat die Rechtschreibkommission bei ihren unzähligen Sitzungen mehrere Tonnen Kekse und unzählige Liter Kaffee, Mineralwasser und höchstwahrscheinlich auch den einen oder anderen Verdauungsschnaps genossen – von Ihren Steuergeldern! Und die sollen doch wohl nicht umsonst verschleudert worden sein, oder?

Zusammengesetzte Wörter

Bisher hatten zusammengesetzte Wörter recht viele Rechtschreibtücken auf Lager, denn bei gewissen Kombinationen fielen bestimmte Buchstaben einfach weg, bei anderen jedoch nicht. Zudem gab es gerade hierbei besonders viele Ausnahmeregeln. Da konnte man fast meinen, die Schreibung der einzelnen Wörter sei von den Mondphasen oder vom Wetterbericht abhängig. Nun ist zum Glück alles anders, und Sie können sich die Spekulationen übers Wetter – zumindest im Hinblick auf die deutsche Rechtschreibung – künftig sparen. Denn im Grunde gilt nur noch eines: Alle Buchstaben bleiben erhalten! Und das ist gut so, denn jetzt müssen Sie nicht mehr lange überlegen – und Ausnahmen müssen Sie sich auch keine mehr merken. Na ja, fast keine. Aber ganz ohne wäre es doch auch langweilig, oder?

Eins und eins macht zwei

Offenbar war dem deutschen Rechtschreibrat die Entsorgung der wegfallenden Buchstaben auf Dauer zu teuer – vielleicht mussten sie als Sondermüll deklariert werden, wer weiß. Jedenfalls lässt sich bei zusammengesetzten Wörtern, in denen zwei gleiche Buchstaben aufeinandertreffen, fortan die Regel aufstellen: Eins und eins macht zwei.
Wenn Sie also aus den Wörtern »roh« und der Silbe »heit« ein neues Wort bilden, dann müssen Sie jetzt Rohheit statt früher Roheit schreiben. Die Selbstständigen dagegen haben einen Sonderstatus, denn bei allen Kombinationen mit »selbst« ist neben der neuen Schreibweise ausnahmsweise auch die alte gültig. Zum Schluss noch die Ausnahme von der Regel, die natürlich nicht ausbleiben darf: Hoheit schreibt man nach wie vor nur mit einem h – warum auch immer.

Beispiele:
Seit Fred seinen vierzehnjährigen Sohn beim Rauchen erwischt hat, hängt der **Haussegen** schief.
Hätte sie nicht so viel **Zierrat**, müsste sie nicht so viel abstauben.
Die Ausstellung im Museum für moderne Kunst war **enttäuschend**, sie hatte sich viel mehr davon erwartet.
Nach ihrem Studium hat Eva sich als Dolmetscherin **selbstständig** (auch: **selbständig**) gemacht.
Mit ihren Urlaubsplänen hatte Anja ihren Freund völlig **überrumpelt**.
Habt ihr genügend **Vorräte** eingekauft und die Speisekammer wieder aufgefüllt?
Der alte Mann lag auf seiner Luftmatratze und ließ sich von der Strömung **forttreiben**.
Die Mannschaft hat die **Vorrunde** gut überstanden und sich für die Endausscheidung qualifiziert.
Dieses Material ist von einer **Zähheit**, dass es nahezu nicht zu zerreißen ist.
Sein Chef hatte ihm für das kommende Jahr eine Gehaltserhöhung in **Aussicht** gestellt, doch dann kam der Börsencrash, und es wurde nichts daraus.
Autos, die in der **Auffahrt** parken, werden ohne zu zögern abgeschleppt.
Die **Heimmannschaft** nutzte ihren Vorteil und gewann haushoch.
Esel sind hervorragend als **Lasttiere** geeignet.
Bei der Mathearbeit hatte er sich mehrfach **verrechnet**, daher bekam er nur eine Vier.
Diese Teller sind nicht für die Mikrowelle **geeignet**.
Die Fußballspieler legen heutzutage bei internationalen Turnieren eine unglaubliche **Rohheit** an den Tag.
Wenn du dem Redner mit der langweiligen Stimme nicht länger zuhören willst, kannst du einfach **weggehen**.
Ihre **Überredungskunst** war unübertroffen, alle stimmten dem von ihr geplanten Projekt zu.

Er wurde doch tatsächlich – trotz der Spendenaffäre – zum **Oberregierungsrat** befördert.
Der Agent wurde bei einer spektakulären Aktion **enttarnt**.

Flotte Dreier

Warum nur zwei Buchstaben hinschreiben, wenn's auch drei sein dürfen?, lautet die Devise bei allen zusammengesetzten Wörtern, in denen drei gleiche Buchstaben aufeinanderfolgen. Egal ob Vokale (Selbstlaute) oder Konsonanten (Mitlaute), es müssen alle drei – statt früher nur zwei – Buchstaben geschrieben werden. Demnach heißt es statt Ballettänzerin (zusammengesetzt aus den Wörtern »Ballett« und »Tänzerin«) nun Balletttänzerin und statt Teernte (zusammengesetzt aus den Wörtern »Tee« und »Ernte«) nun Teeernte. Die Regel gilt auch für Wörter, in denen nach den neuen Rechtschreibregeln ss für ß geschrieben wird. Das klingt doch mal eingängig, schlüssig und noch dazu leicht zu merken. Juhu!
Doch Vorsicht! Jubeln Sie bitte nicht zu früh, denn auch bei den flotten Dreiern gilt: keine Regel ohne Ausnahme. Gehirnjogging und Panikattacken sind allerdings nicht nötig, denn die Zahl der Ausnahmen ist so gering, dass diese den Namen kaum verdienen. Ganze drei Wörter müssen Sie sich merken, die inzwischen nicht mehr als Zusammensetzungen angesehen werden und für die diese Regel daher nicht gilt. Es sind:

- Mittag (aus Mitte + Tag)
- dennoch (aus denn + noch)
- Drittel (aus dritter + Teil)

Das ist ja wohl zu schaffen.
Wem diese Nimm-drei-statt-zwei-Regelung zwar beim Einkaufen sehr gelegen kommt, in der Rechtschreibung jedoch suspekt erscheint, dem sei zum Trost gesagt: Man darf, um der besseren Lesbarkeit willen, auch einen Bindestrich setzen, also Schiff-

Fahrt statt Schifffahrt schreiben. Zufrieden? Na, dann greifen Sie zu!

Die schönsten Dreierkombinationen:

Statt Beispielsätzen finden Sie an dieser Stelle die schönsten Dreierkombis, die uns die deutsche Sprache so beschert. Gerne dürfen Sie die Liste durch eigene Ergänzungen am rechten Rand erweitern. Lassen Sie Ihrer Kreativität freien Lauf, und bilden Sie nach Lust und Laune neue Wörter – das ist fast so gut wie Sudoku und im Einzelfall nicht weniger vertrackt.

Anschlussstrecke ______________________

Armeeeinheit ______________________

Auspuffflamme ______________________

Ausschusssitzung ______________________

Balletttänzerin ______________________

Balletttheater ______________________

Balletttruppe ______________________

Balllager ______________________

Balllokal ______________________

Basssänger ______________________

Bassschlüssel ______________________

Bassstimme ______________________

Beschlusssache ______________________

Bestellliste ______________________

Betttruhe ______________________

Betttuch ______________________

Bissspur ______________________

Bissstelle ______________________

Bitttag ______________________

Blatttang ______________________

Blatttrieb ______________________

Brennnessel ______________________

Brennstofffrage ______________________

Dampfschifffahrt ______________________

Dämmmaterial ______________________

Dämmmatte ______________________

Dasssatz ______________________

Delikatesssenf ______________________

Einschussstelle ______________________

Eisschnelllauf ______________________

Eisschnellläufer/-in ______________________

Erdgeschosssanierung ______________________

Essstörung ______________________

Expresssendung ______________________

Falllinie ______________________

Fassspund ______________________

Fetttiegel ______________________

fetttriefend ______________________

Fetttropfen ______________________

Fetttusche ______________________

Fitnessstudio ____________________

Flanelllappen ____________________

Flusssand ____________________

Flussschifffahrt ____________________

Flussspat ____________________

Flussstahl ____________________

Fresssack ____________________

Frotteeeinlage ____________________

Fußballländerspiel ____________________

Fußballlehrer ____________________

Gebisssanierung ____________________

Genussschein ____________________

Genusssucht ____________________

genusssüchtig ____________________

Geschirrreiniger ____________________

Gewinnnachweis ____________________

Gewinnnummer ____________________

Geröllawine ____________________

Grammmolekül ____________________

grifffest ____________________

Großschifffahrtsweg ____________________

Gussstahl ____________________

Hafffischer ____________________

Halllaut ____________________

Harnabflussstörung ______________________________

Haselnussstrauch ______________________________

Hawaiiinseln ______________________________

hellleuchtend ______________________________

helllicht ______________________________

helllila ______________________________

helllodernd ______________________________

Imbissstand ______________________________

Imbissstube ______________________________

Jacketttasche ______________________________

Kaffeeernte ______________________________

Kaffeeersatz ______________________________

Kaffeeexport ______________________________

Kaffeeextrakt ______________________________

Kammmacher ______________________________

Kämmmaschine ______________________________

Kammmolch ______________________________

Kammmuschel ______________________________

Kanapeeersatz ______________________________

kaputttreten ______________________________

Kennnummer ______________________________

Kinnnarbe ______________________________

Kipppflug ______________________________

Kleeeinsaat ______________________________

Kleeernte ______________________________

Klemmmappe ______________________________

Komiteeerlass ______________________________

Kommissstiefel ______________________________

Kompottteller ______________________________

Kongresssaal ______________________________

Kongressstadt ______________________________

Kontrolllampe ______________________________

Kontrollliste ______________________________

Krepppapier ______________________________

Kristallleuchter ______________________________

Kristalllinse ______________________________

Kristalllüster ______________________________

Kristallluster ______________________________

krummmachen ______________________________

Kunststoffflasche ______________________________

Kunststofffolie ______________________________

Kussseminar ______________________________

Kussszene ______________________________

Lammmedaillon ______________________________

Lössschicht ______________________________

Luftschifffahrt ______________________________

Messsatz ______________________________

Messschieber ______________________________

Messschnur ______________________

Messschraube ______________________

Messstab ______________________

Metalllegierung ______________________

Missstand ______________________

Missstimmung ______________________

Mullläppchen ______________________

Nachlasssache ______________________

Nassschnee ______________________

nassschwitzen ______________________

nassspritzen ______________________

Nichtmetalllegierung ______________________

Nulllage ______________________

Nullleiter ______________________

Nulllinie ______________________

Nulllösung ______________________

Nusssahnetorte ______________________

Nussschale ______________________

Nussschinken ______________________

Nussschokolade ______________________

Nussstrudel ______________________

Pappplakat ______________________

Passstelle ______________________

Passstraße ______________________

Pinnnadel ____________________

Presssack ____________________

Pressschlag ____________________

Pressspan ____________________

Pressspanplatte ____________________

Pressstoff ____________________

Pressstroh ____________________

Programmmusik ____________________

Pufffenster ____________________

Rammmaschine ____________________

Raumschifffahrt ____________________

Reißverschlusssystem____________________

Rohstofffrage ____________________

Rollladen ____________________

Rollleine ____________________

Rollloch ____________________

Rollschnelllauf ____________________

Rossschlachter ____________________

Rossschlächter ____________________

Sauerstoffflasche ____________________

Schalllehre ____________________

Schallleiter ____________________

Schallloch ____________________

Schifffahrt ____________________

Schifffahrtsgericht ______________________

Schifffahrtsgesellschaft ______________________

Schifffahrtskunde ______________________

Schifffahrtslinie ______________________

Schifffahrtspolizei ______________________

Schifffahrtsrecht ______________________

Schifffahrtsstraße ______________________

Schifffahrtsweg ______________________

Schifffahrtszeichen ______________________

Schifffracht ______________________

Schlammmasse ______________________

Schlepppinsel ______________________

Schlifffläche ______________________

Schlusssatz ______________________

Schlusssignal ______________________

Schlusssinfonie ______________________

Schlusssirene ______________________

Schlussspurt ______________________

Schlussstein ______________________

Schlussstrich ______________________

Schlussschwäche ______________________

Schlussszene ______________________

Schmuckblatttelegramm ______________________

Schneeeifel ______________________

Schneeeule ______________________________

Schnelllastwagen ______________________________

Schnellläufer ______________________________

schnelllebig ______________________________

Schnelllebigkeit ______________________________

Schnellleser ______________________________

Schritttanz ______________________________

Schritttempo ______________________________

Schrotttransport ______________________________

Schrubbbesen ______________________________

Schussschwäche ______________________________

Schussstärke ______________________________

Schwimmmatraze ______________________________

Schwimmmeister ______________________________

Seeelefant ______________________________

Seeende ______________________________

Seeerfahrung ______________________________

seeerprobt ______________________________

Sinnneurose ______________________________

Spannbetttuch ______________________________

Sperrrad ______________________________

Sperrriegel ______________________________

Stalllaterne ______________________________

Stammmannschaft ______________________________

Stammmieter ______________________

Stammmutter ______________________

Stemmmeißel ______________________

stickstofffrei ______________________

Stillleben ______________________

stilllegen ______________________

Stilllegung ______________________

Stofffarbe ______________________

Stofffetzen ______________________

Stofffülle ______________________

Stopppreis ______________________

Stresssituation ______________________

Tankschlossschlüssel ______________________

Teeei ______________________

Teeernte ______________________

Trossschiff ______________________

Tufffelsen ______________________

Türschlosssicherung ______________________

Verschlusssache ______________________

Verschlussschraube ______________________

Verschlussstreifen ______________________

Volllast ______________________

vollleibig ______________________

Werkstofffehler ______________________

Werkstoffforschung ______________________

Wetttauchen ______________________

Wettteufel ______________________

Wettturnen ______________________

Wolllappen ______________________

Wolllaus ______________________

Zahlenschlosssicherung ______________________

Zechenstilllegung ______________________

Zellleib ______________________

Zelllehre ______________________

Zellstofffabrik ______________________

zolllang ______________________

Zolllinie ______________________

Zooorchester ______________________

Zwerchfelllücke ______________________

Zündschlosssicherung ______________________

Doppelt gemoppelt hält besser

Ob die Rechtschreibreformer bei den neuen Regeln zur Verdoppelung von Konsonanten tatsächlich frei nach dem Motto »Doppelt gemoppelt hält besser« vorgegangen sind, lässt sich nicht zweifelsfrei nachweisen. Immerhin waren auch hierbei die Vereinfachung von Schreibweisen sowie die Reduzierung von Ausnahmen das Ziel. Im Übungsbuch zur neuen deutschen Rechtschreibung von Duden heißt es daher: »Diese Verdoppelung bringt für Sie eine Erleichterung, denn nun sind die Schreibungen mit nur einem Konsonantbuchstaben an die Schreibungen mit zwei Konsonanten angeglichen. Sie brauchen sich also die Ausnahmen mit nur einem Konsonantbuchstaben nicht mehr besonders zu merken.«

Ist das nicht toll? Dass die Damen und Herren von der Kommission sich dabei nicht nur nach dem Wortstammprinzip und den Fällen gerichtet haben, bei denen die Flexionsformen immer schon einen Doppelkonsonanten hatten, wollen wir ihnen mal großzügig verzeihen. Zwar haben sie dem einen oder anderen Wort eine Verwandtschaft auferlegt, die nach sprachgeschichtlichen Aspekten gar nicht besteht, aber was soll's. Das deutsche Steuersystem wird auch immer komplizierter, obwohl seit Jahren davon die Rede ist, dass es vereinfacht werden – gar auf einen Bierdeckel passen – soll. Schön wär's!

Die anzuwendenden Regeln hierbei lauten jedenfalls:

- Im Wortstamm eines Wortes folgen auf einen betonten kurzen Vokal jetzt zwei Konsonanten, um diesen zu betonen.
- Für die Konsonanten k und z gilt jedoch: Statt kk schreibt man ck und statt zz schreibt man tz.

Die Regeln sind nicht neu, wie etwa Wörter wie Ebbe, generell, dann, Galopp, Acker, Matratze, Schutz und einige andere zeigen, nur wurden sie bisher nicht konsequent umgesetzt.

Ausnahmen:

Leider, leider gibt es auch in Sachen Konsonantenverdoppelung mehr Ausnahmen, als einem lieb sein kann. Daher ist deren Liste auch deutlich länger als die Regeln und Beispiele zusammen. Das mag daran liegen, dass es verschiedene Gründe für all die Ausnahmen gibt, nämlich:

- Fremdwörter wie Mokka oder Pizza werden auch künftig nicht mit ck oder tz geschrieben.
- Fremdwörter wie Ananas werden auch künftig mit nur einem Konsonanten nach kurzem Vokal geschrieben.
- In einsilbigen Wörtern wie »ab« oder »was« werden die Konsonanten nicht verdoppelt.
- Dies gilt auch für einsilbige Wörter, die aus dem Englischen abgeleitet werden, etwa Jet oder Job.
- In Wörtern, die auf -ik oder -it enden und bei denen der vorangehende Vokal sowohl kurz als auch lang gesprochen werden kann, wird ebenfalls nicht verdoppelt, etwa Kritik oder Profit.
- Wörter mit Bestandteilen, die nicht alleine vorkommen, wie Brombeere oder Himbeere, schreibt man weiterhin mit einem Konsonanten.
- Manche Verbformen schreibt man weiterhin mit einem Konsonanten, obwohl es Ableitungen davon gibt, in denen zwei Konsonanten vorkommen, etwa hat und hatte.

Die Ausnahmen von den Ausnahmen:

Damit das Ganze nicht zu einfach wird, gibt es natürlich zahlreiche Ausnahmen von den Ausnahmen. Aber bitte nicht verzweifeln, schließlich handelt es sich bei der deutschen Sprache um ein lebendiges, sich kontinuierlich weiterentwickelndes Wesen und nicht um irgendwelche Formeln, die – einmal aufgestellt und bewiesen – bis in alle Ewigkeit gelten.

- Bei Ableitungen von einsilbigen Wörtern, die aus dem Englischen stammen, werden die Konsonanten jedoch verdoppelt, etwa in jobben oder jetten.
- Das Wort Imme schreibt man mit zwei m, obwohl in Imker weiterhin nur ein m steht.
- In den Wörtern des, wes und drin findet keine Konsonantenverdoppelung statt, auch wenn in deren Ableitungen dessen, wessen und drinnen zwei Konsonanten auf den kurzen Vokal folgen.

Beispiele:

Hier eine Liste der Wörter, bei denen die Regeln angewendet werden. Wie gesagt: Wundern Sie sich nicht darüber, dass diese Liste kürzer ist als die mit den Ausnahmen. Manche Dinge muss man einfach nehmen, wie sie kommen ...

ALT	NEU	WORTSTAMM
As	Ass	Asse
Börsentip	Börsentipp	tippen
Karamel	Karamell	Karamelle
Karamelisieren	karamellisieren	Karamelle
Karoas	Karoass	Asse
Mesner	Messner	messen
Mop	Mopp	moppen
Numerieren	nummerieren	Nummer
Numerisch	nummerisch	Nummer
Platitüde	Plattitüde	Platitude (nicht platt)
plazieren	platzieren	Platz

ALT	NEU	WORTSTAMM
Quickstep	Quickstepp	Steppdecke
Tip	Tipp	tippen
Tolpatsch	Tollpatsch	toll
Stukkateur	Stuckateur	Stuck
unplaziert	unplatziert	Platz

Liste der Ausnahmen:

ab	Grafit	Klub	Razzia
an	Grog	Kredit	Relief
Ananas	hat	Kritik	Sakko
April	Himbeere	Lehrerin	sämtlich
bin	hin	Limit	Skizze
bis	Hotel	man	Slip
Brombeere	Imker	Mini	Sperling
Bus	in	mit	top
Chip	insgesamt	Mob	Twen
Damwild	Jet	Mokka	um
das	Job	ob	Volontär
des	Kamera	Paket	Walnuss
dran	Kap	Pizza	was
drin	Kapitel	plus	wes
fit	Karosse	Politik	Zigarette
Gag	Karosserie	Pop	Zigarillo
Gin	Kenntnis	Profit	

Wo kommst du eigentlich her?

Einige der Laut-Buchstaben-Zuordnungen haben wohl – neben den Getrennt- und Zusammenschreibungen – am meisten unter den diversen Reformen der Rechtschreibreform gelitten. Doch zum Glück ist geteiltes Leid bekanntlich halbes Leid. Und so sind sie alle noch mal mit einem blauen Auge davongekommen. Die Anwender dagegen sind inzwischen restlos verwirrt. Schade eigentlich.

Denn grundsätzlich war es eine ganz gute Idee von den schlauen Menschen der Rechtschreibkommission, möglichst viele Abweichungen vom sogenannten Stammprinzip bei der Wortbildung zu beseitigen. Und bei der Umwandlung von ß in ss nach kurzem Vokal oder beim Zusammentreffen dreier gleicher Buchstaben ist ja auch alles gut gegangen.

Warum sollte dieses Prinzip also nicht auch für Wortfamilien gelten? Wir versuchen uns zu erinnern: Ursprünglich war es das oberste Ziel der Reformer, die deutsche Rechtschreibung zu vereinfachen. Unter diesem Aspekt klingt es sinnvoll und logisch, Wörter, die zu ein und derselben Wortfamilie gehören, also vom selben Wortstamm herrühren, auch gleich zu schreiben. Denn so muss man all die Formen nicht mehr mühsam auswendig lernen, sondern kann sie ganz einfach vom Wortstamm ableiten. Im Idealfall sogar ohne Ausnahmen – aber wer glaubt schon ans Paradies auf Erden?

So weit, so gut. Nur kann man leider über alles streiten, so zum Beispiel auch darüber, was denn nun genau der Wortstamm von aufwendig ist. Das Verb aufwenden oder das Substantiv Aufwand? Heißt es demnach nun aufwendig (nach dem Verb) oder aufwändig (nach dem Substantiv)? Eine wahrlich schwierige Frage – und offenbar eine besonders wichtige dazu. Wieso sonst hätte ein derartiger Aufschrei durch die Nation gehen sollen, als die Kommission ihre Vorschläge zum Stammprinzip präsentierte. Arbeitslosenquote, Gesundheitsreform, Irak-Krieg, der Tod von

Lady Di – alles nebensächlich im Vergleich zum Kampf um die richtigen Laut-Buchstaben-Zuordnungen. Und da sag noch einer, die Deutschen könnten keine Leidenschaft entwickeln. Das haben sie schon vor der Fußball-WM 2006 bewiesen. Oh ja!
Die Proteste waren jedenfalls erfolgreich – in nicht wenigen Fällen gelten neben den neuen inzwischen auch wieder die alten Schreibweisen. Was haben wir nun davon? Noch mehr Kann-Regeln und damit noch mehr Verwirrung. Egal, wir haben es so gewollt!
Hier also kurz und schmerzlos die neuen Regeln:
Ausschlaggebend für die Verwendung von ä oder e in manchen Wörtern sind

- einerseits andere Wörter derselben Wortfamilie,
- andererseits das Stammprinzip.

Dabei werden die alten Schreibungen (wie ursprünglich geplant und anfangs auch der Fall) nicht immer durch die neuen Varianten ersetzt, sondern man darf auch schon mal zwischen beiden gültigen Möglichkeiten wählen. Um bei unserem Beispiel zu bleiben: Sowohl aufwendig als auch aufwändig ist damit richtig, wenngleich die Duden-Redaktion die Schreibung aufwendig empfiehlt.
Warum sie noch vor einem Jahr genau das Gegenteil empfohlen hat, fragen wir uns jetzt besser nicht. Schließlich ist es schon schlimm genug, dass ein jeder nun bei jedem einzelnen Wort, auf welches das Stammprinzip anwendbar ist, frei nach Schnauze entscheiden kann. Je nach Vollmond, Sternenkonstellation, persönlichem Horoskop oder sonstigen ausschlaggebenden Faktoren kann es nun sein, dass der eine sich bei dem einen Wort nach der Verbform und bei dem anderen Wort nach der Substantivform richtet. Dass damit das Chaos vorprogrammiert ist und die Einheitlichkeit flöten geht, darf man nicht so eng sehen. Nehmen Sie es einfach sportlich. Sonst wird die Rechtschreibreform tatsächlich noch zur »never ending story« – und wer will das schon?

Ausnahmen:

Damit den Anwendern der deutschen Sprache – trotz der Vielzahl der Möglichkeiten in diesem Fall – nicht langweilig wird, hier noch einige Ausnahmen, die ein jeder sich einprägen sollte: **Eltern** werden nicht zu Ältern (auch wenn sich das Wort von alt ableitet), es hat **geschmeckt** schreibt man weiterhin mit e, auch wenn es sich ebenso von Geschmack wie von schmecken ableitet, und aus wecken wird nicht wäcken, obwohl es mit dem Wörtchen wach verwandt. ist. Auch Fahnen werden nach wie vor **geschwenkt** und nicht geschwänkt (obwohl das Verb mit schwanken verwandt ist) – es sei denn, der Schwenkende steht unter Alkoholeinfluss. Aber das ist ein anderes Thema und nicht Gegenstand dieses Buches.

Beispiele:

Bei vielen Wörtern, deren verwandte Wortformen oder Wortstamm ein a enthält, schrieb man bisher – und dabei bleibt es auch künftig – ein ä:

Das **Gelände** (von Land) des Urlaubs-Ressorts ist sehr weitläufig.
Das neugeborene **Lämmchen** (von Lamm) sieht so was von niedlich aus.
Bernds neuer Nachbar ist irgendwie **behämmert** (von Hammer).
Susis neue Garderobe ist ganz schön **auffällig** (von auffallen) – ob ihr die Typberatung wirklich gutgetan hat?
Von diesen Tabletten nehmen Sie bitte **täglich** (von Tag) dreimal zwei Stück.
Sein Aussehen hat er in letzter Zeit **sträflich** (von Strafe) vernachlässigt. Er müsste dringend mal wieder zum Friseur.
Grundsätzlich (von Grundsatz) habe ich nichts gegen seinen Vorschlag einzuwenden.
Die Arbeitsmethoden der neuen Studienrätin wirken ein wenig **ältlich** (von alt).

Meine Großmutter sitzt am liebsten auf ihrem Küchenstuhl und löst **Kreuzworträtsel** (von raten).
Er muss das wissen, das habe ich ihm **nämlich** (von Name) schon dreimal gesagt.

Die folgende Tabelle enthält Wörter, die an diese Schreibweise angepasst wurden.

ALT	NEU	WORTSTAMM
aufwendig	aufwendig/aufwändig	aufwenden/Aufwand
behende	behände	Hand
Bendel	Bändel	Band
belemmert	belämmert	Lamm
einbleuen	einbläuen	blau
existentiell	existenziell/existentiell	franz.: existent/Existenz
Gemse	Gämse	Gams
Greuel	Gräuel	Grauen
Glimmstengel	Glimmstängel	Stange
greulich	gräulich	grausam
ABER: gräulich	gräulich	grau
langstengelig	langstängelig	Stange
potentiell	potenziell/potentiell	franz.: potentielle/Potenz
Potential	Potenzial/Potential	franz.: potentielle/Potenz
Poussierstengel	Poussierstängel	Stange
Quentchen	Quäntchen	Quantum
Schenke	Schenke/Schänke	ausschenken/Ausschank

ALT	NEU	WORTSTAMM
schneuzen	schnäuzen	Schnauze
Stengel	Stängel	Stange
Schneewächte	Schneewechte	Schneewehe
überschwenglich	überschwänglich	Überschwang
Wächte	Wechte	Schneewehe
verbleuen	verbläuen	blau

Sil-ben-tren-nung leicht ge-macht

»Weniger ist mehr«, lautete ursprünglich die Devise der Reformer – auch wenn sich inzwischen so gut wie niemand mehr daran erinnert. Aber egal: Bei der Silbentrennung und bei Worttrennungen am Zeilenende ist das Vorhaben, die Rechtschreibung für alle verständlicher und einfacher zu gestalten, jedenfalls gelungen.
Wo sich früher ein ganzes Minenfeld an rechtschreiblichen Fettnäpfchen vor einem auftat, wenn man Wörter (vor allem Fremdwörter) korrekt trennen wollte, kommt man heute mit ganzen fünf Grundregeln aus. Das ist ja wohl zu bewältigen, oder will hier etwa jemand behaupten, er könne nicht bis fünf zählen?
Zwar hieß es seit je, Wörter sollten möglichst so getrennt werden, dass die Lesbarkeit nicht gestört wird, aber die Renten waren laut Norbert Blüm ja auch sicher. Inzwischen wissen wir alle, dass das nichts weiter als ein frommer Wunsch war. Und es hieß auch schon immer, man solle Wörter einfach an der Stelle trennen, an der man beim Sprechen eine winzige Pause machen kann. Aber was einfach ist und was nicht, liegt allzu oft im Auge des Betrachters – oder besser: im Taktgefühl des Sprechers. Und das mit dem Takt ist so eine Sache. Man denke nur mal daran, wie sich nicht wenige deutsche Männer (und auch Frauen) zu Salsa-Rhythmen übers Parkett bewegen. Abgesehen davon galt auch in Sachen Silbentrennung lange Jahre die Maxime: keine Regel ohne Ausnahme oder Nebenregeln.
Doch damit ist nun endgültig Schluss. Zahlreiche Einschränkungen und Ergänzungen in Sachen Worttrennung wurden abgeschafft, und die verbleibenden dürfen sich allenfalls noch Kann-Regeln schimpfen. »Insgesamt zielt die Neuregelung der Worttrennung auf Vereinheitlichung und Vereinfachung, in manchen Punkten auch auf Liberalisierung«, heißt es im Duden. Schön! Frei nach dem Motto »feel free« dürfen alle Worttrenner, egal ob Anfänger oder Profis, das Wort Sonderregeln damit getrost aus ihrem Sprach-

schatz streichen – natürlich nur, wenn sie es korrekt trennen können. Aber das sollte nun wahrlich das geringste Problem sein! Wertvoller Speicherplatz im Gehirn muss demnach nicht länger für lästiges Auswendiglernen von Eselsbrücken wie »Trenne nie das s vom t, denn es tut den beiden weh« vergeudet werden, denn diese und ähnliche sprachschöpferischen Meisterleistungen gehören nun endgültig in die Mottenkiste der deutschen Rechtschreibung. Konzentrieren wir uns also auf das Wesentliche, das da lautet:

1. Wörter, die aus mehr als einer Silbe bestehen, werden am Zeilenende nach Sprechsilben (nicht nach geschriebenen Buchstaben) möglichst sinnvoll getrennt, also:
   Ver-er-bung, Be-hand-lung, Au-to-mat.

2. Steht zwischen zwei Vokalen ein Konsonant, so kommt er bei der Trennung in die neue Zeile, stehen dagegen zwei oder mehrere Konsonanten dazwischen, kommt nur der letzte in die neue Zeile, also:
   Bre-zel, Fens-ter, Hei-zung, Lam-pe, Bä-cker.

3. Zusammengesetzte Wörter und Wörter mit Vorsilben werden nach ihren einzelnen Bestandteilen getrennt, also:
   Hand-schuh, Ent-schluss, Bett-tuch, Vor-satz.

4. Zwei gleiche Vokale und Doppellaute müssen immer zusammen abgetrennt werden. Auch einzelne Vokale am Wortanfang sowie am Wortende dürfen nicht abgetrennt werden, in der Wortmitte können sie dagegen alleine stehen, also:
   Waa-ge, Mei-ler, Heiz-o-fen, aber nicht O-fen; Opern-abend, aber nicht O-pern-a-bend; Reu-e-ge-schenk, aber nicht Reu-e.

5. Fremdwörter (a) und Wörter, die ursprünglich mal Zusammensetzungen (b) waren, denen man es heute jedoch nicht mehr ansieht, können auf zwei Arten getrennt werden. Entweder nach Sprechsilben oder nach folgender Regel: (a) Kon-

sonant + l, n oder r kommen ungetrennt bzw. (b) nach ihren ursprünglichen Bestandteilen getrennt auf die neue Zeile, also:
Pu-bli-kum oder Pub-li-kum, ei-nan-der oder ein-an-der, hi-nauf oder hin-auf, Klein-od oder Klei-nod, Zyk-lus oder Zy-klus, Hek-tar oder Hekt-ar, Feb-ru-ar oder Fe-bru-ar.

Damit wird auch für st und ck keine Extrawurst mehr gebraten, sondern Wörter, in denen diese Konsonantenkombinationen vorkommen, müssen sich ohne Widerworte Regel 2 unterordnen. Wenn Sie sich jetzt fragen, warum es dann seit Neuestem/neuestem Zu-cker und nicht Zuc-ker heißt, dann lassen Sie sich Folgendes gesagt sein: Das ck wird genau wie auch ch, sch, ph, rh und th als ein Laut gesprochen und deshalb auch wie ein Konsonant behandelt.
Alles klar? Dann haben wir hier für Sie noch ein paar ganz besondere Leckerbissen deutscher Trenn-Kunst, an denen Sie sicherlich Ihre Freude haben werden:

bein-halten	Blumento-pferde
Sprecher-ziehung	rein-tegrieren
Altbauer-haltung	Drucker-zeugnis
Spargel-der	Musiker-leben
Seeu-fer	Schwein-elendchen

Eines noch zum Schluss: Dass einsilbige Wörter nicht getrennt werden können, dürfte selbst dem schlechtesten Salsa-Tänzer unter Ihnen klar sein. Daher wird es hier nur abschließend kurz erwähnt.

ALT	NEU
War-um tust du das?	**War-um/Wa-rum** tust du das?
Der Kleine hat einen schlimmen **Hu-sten** bekommen.	Der Kleine hat einen schlimmen **Hus-ten** bekommen.
Beschwingt ging sie nach dem Vorstellungsgespräch die Treppe **hin-un-ter**.	Beschwingt ging sie nach dem Vorstellungsgespräch die Treppe **hin-un-ter/hi-nun-ter**.
Meine Freundin ist so **chaotisch**, sie vergisst einfach alles.	Meine Freundin ist so **chaotisch/cha-o-tisch**, sie vergisst einfach alles.
Die beiden Kollegen kannten **ein-an-der** noch aus der Schule.	Die beiden Kollegen kannten **ein-an-der/ei-nan-der** noch aus der Schule.
Das **Nost-al-gie-ka-rus-sell** ist wunderschön.	Das **Nost-al-gie-ka-rus-sell/ Nos-tal-gie-ka-rus-sell** ist wunderschön.
»**Lu-stig** ist das Zigeunerleben«, sangen sie, als sie um das Lagerfeuer saßen.	»**Lus-tig** ist das Zigeunerleben«, sangen sie, als sie um das Lagerfeuer saßen.
Der junge Fahrer hat den Preis der **Na-tio-nen** gewonnen.	Der junge Fahrer hat den Preis der **Na-tio-nen/ Na-ti-o-nen** gewonnen.
Wenn er nicht drei **Stük-ke Zuk-ker** nimmt, schmeckt ihm der Kaffee nicht.	Wenn er nicht drei **Stü-cke Zu-cker** nimmt, schmeckt ihm der Kaffee nicht.

ALT	NEU
Dar-auf-hin hat sie ihn verlassen.	**Dar-auf-hin/da-rauf-hin** hat sie ihn verlassen.
Als Laura anfing zu studieren, mietete sie ein **möb-lier-tes** Zimmer.	Als Laura anfing zu studieren, mietete sie ein **möb-lier-tes/mö-blier-tes** Zimmer.
Erst **ge-stern** habe ich ihm gesagt, dass der Schlüssel fehlt.	Erst **ges-tern** habe ich ihm gesagt, dass der Schlüssel fehlt.
Die beiden Linien verliefen **par-al-lel** zueinander.	Die beiden Linien verliefen **par-al-lel/pa-ral-lel** zueinander.
Dar-um konnte Peter gestern also nicht kommen.	**Dar-um/da-rum** konnte Peter gestern also nicht kommen.
Der Vortrag über den Klimawandel war sehr **in-ter-es-sant**.	Der Vortrag über den Klimawandel war sehr **in-ter-es-sant/in-te-res-sant**.
Nach dem Abitur wird meine Tochter **Päd-ago-gik** studieren.	Nach dem Abitur wird meine Tochter **Päd-ago-gik/Pä-da-go-gik** studieren.
Das war doch die reinste **Per-sif-la-ge**!	Das war doch die reinste **Per-sif-la-ge/Per-si-fla-ge**!
Die Dielenböden **knak-ken** so komisch, wenn man drauftritt.	Die Dielenböden **kna-cken** so komisch, wenn man drauftritt.

ALT	NEU
Der Notarzt kam mit dem **He-li-ko-pter**, um den Skifahrer zu bergen.	Der Notarzt kam mit dem **He-li-ko-pter/He-li-kop-ter**, um den Skifahrer zu bergen.
Kommen Sie ruhig näher **her-an**, sonst sehen Sie ja nichts.	Kommen Sie ruhig näher **her-an/he-ran**, sonst sehen Sie ja nichts.

Zeichensetzung setzt Zeichen

Das mit den Kommas wird nach der Reform ganz einfach, hieß es immer. Schön wär's (gewesen), mag sich so mancher denken, dem die neuen Regeln zwar viele Freiheiten lassen, aber auch Verwirrung stiften. Denn einige haben nur mit halbem Ohr hingehört und sich allein den Satz gemerkt: »Das Komma kann stehen, um die Gliederung des Satzes zu verdeutlichen oder etwaigen Missverständnissen vorzubeugen.«

Eieiei – da haben sich die Damen und Herren Rechtschreibreformer ja mal ein richtiges Ei ins Nest gelegt. Anstatt dass die Menschheit es ihnen dankt und ebenso sorgsam wie sparsam mit dem wertvollen Beistrich umgeht, werden die Kommas nicht selten mit dem Salzstreuer über den Texten verteilt. Heraus kommen dann Konstruktionen wie: »Einerseits, freute ich mich, meine Schwester, wiederzusehen, doch die Hitze, machte mir schwer zu schaffen.«

Und da behaupte noch einer, die Kommunikation zwischen Mann und Frau sei von Missverständnissen geprägt! Bei solchen Satzkonstruktionen braucht es keinen Geschlechterkampf mehr ...

Irgendwie hat sich der Eindruck verfestigt, die Regeln der Zeichensetzung seien stark reduziert und vereinfacht worden. Doch dem ist leider nicht so. Im Grunde ist (fast) alles so geblieben wie zuvor, bis auf zwei Neuerungen, die dem Anwender allerdings lediglich die Wahl lassen, also nicht verbindlich sind. Dabei geht es zum einen um Hauptsätze, die mit *und* oder *oder* verbunden sind, und zum anderem um Infinitiv- und Partizipgruppen. Hier hat man nun also mehr Freiheiten. Nur können nicht alle mit der neuen Freiheit auch umgehen. Damit dies nicht so bleibt, hier das Wichtigste in aller Kürze. Regeln wie »Am Schluss von Fragen steht ein Fragezeichen« und »Am Ende eines Aussagesatzes steht ein Punkt« lassen wir an dieser Stelle mal großzügig außer Acht. Bei Fragen und Unklarheiten wenden Sie sich bitte an Ihre Grundschullehrerin (zur Schließung etwaiger Wissenslücken) oder Ihren

Apotheker (zur Behandlung Ihres Gedächtnisschwundes). Hier geht es also ausschließlich um die Kommaregeln, die da lauten:

1. Das Komma zwischen Sätzen

- Zwei gleichrangige Hauptsätze werden durch ein Komma getrennt.
- Steht zwischen zwei Hauptsätzen die Konjunktion *oder, sowie* oder *und*, darf (nicht muss!) das Komma wegfallen.
- Zwischen gleichrangigen Wörtern und Wortgruppen steht kein Komma, wenn sie durch eine Konjunktion (*oder, sowie, wie, und, beziehungsweise, respektive, nicht – noch, sowohl – als/wie auch, entweder – oder, weder – noch*) verbunden sind. Ausnahmen bilden die einschränkenden Konjunktionen *sondern, aber, einerseits – anderseits* sowie *und zwar.*
- Zwei gleichrangige Nebensätze werden immer mit Komma voneinander getrennt, außer sie werden durch eine Konjunktion wie *und* oder *oder* verbunden.
- Haupt- und Nebensätze (eingeleitet durch Konjunktionen wie *weil, obwohl, seit, obgleich, wenn, sobald, da*) werden ebenfalls durch Komma getrennt.
- Fügungen mit *als* oder *wie*, auf die ein Prädikat folgt, werden mit Komma abgetrennt. Folgt kein Prädikat, steht auch kein Komma.

Beispiele:

Gleichrangige Hauptsätze:

Ich warte hier auf dich, es bleibt mir nichts anderes übrig.

Die Nacht ging zu Ende, der Morgen kündigte sich an.

Die Großmutter erinnert sich an früher, sie erinnert sich sogar sehr gut.

Die Katze schläft viel, sie schläft fast den ganzen Tag.

Wo hört die Mutprobe auf, wo fängt die Unvernunft an?

Wann endet die Wehmut, wann beginnt die Bewältigung der Trauer?

Gleichrangige Hauptsätze mit Konjunktion:
Wir können die anderen einladen[,] oder wir bleiben alleine.
Wir gehen jetzt ins Restaurant[,] oder ich koche uns etwas.
Heute Abend will ich auf dem Sofa liegen und lesen[,] oder ich höre Musik.
Er beschwerte sich ständig[,] und seine Mitschüler gaben ihm recht/Recht.
Nach dem Streit fuhr Andreas in die Stadt[,] und Kerstin blieb zu Hause.
Wir beklagten die widrigen Umstände[,] und die meisten stimmten zu.

Gleichrangige Wörter und Wortgruppen mit Konjunktionen:
Hör auf mich und dränge mich nicht.
Die Ziege meckerte und meckerte und meckerte.
Er geht gern in die Schule und liebt besonders den Sportunterricht.
Vergib mir oder bleib weiter beleidigt.
Mach mir ein Omelett, ein Spiegelei oder etwas anderes zum Essen.
Triff dich mit mir, deinem Bruder oder sonst jemandem.
Wir fahren gerne in den Süden respektive nach Spanien.
Die Idee ist von mir respektive meinem Bruder.
Der Angestellte respektive der Chef traf die wichtige Entscheidung.
Er hat sich mit seiner großen Liebe verlobt beziehungsweise verheiratet.
Sie möchte gerne arbeiten beziehungsweise Geld verdienen.
Sie vertraut ihm beziehungsweise seiner Familie voll und ganz.
Er muss entweder dableiben oder weggehen.
Wir müssen die Einladung entweder annehmen oder ablehnen.
Du musst entweder ja oder nein sagen.
Wir wollen nicht Mühe noch Kosten sparen.
Wir werden nicht aufgeben noch resignieren.
Der Chef wird euch nicht loben noch auf andere Weise seine Anerkennung zeigen.

Der Lehrer sowie alle Schüler traten zum Schulausflug an.
Die Löwen sowie die Tiger lagen alle auf der Lauer.
Die Alten sowie die Jungen erfüllen in diesem Spiel die gleichen Voraussetzungen.
Das Fest gefiel sowohl den Erwachsenen als auch den Kindern.
Sie beherrscht sowohl die französische als auch die italienische Sprache.
Das Kind liebt sowohl seine Mutter als auch seinen Vater.
Wir können das Kleid sowohl in blauer wie auch in grüner Farbe fertigen.
Wir werden den Tisch sowohl mit roten wie auch mit blauen Blumen schmücken.
Sie geht mit Peter aus wie auch mit Martin.
Ich kenne weder ihre Schwester noch ihren Bruder.
Ich mag weder spazieren noch schwimmen gehen.
Heute ist weder schönes noch schlechtes Wetter.
Die Zeltwand war innen wie außen feucht.
Das Haus war unten wie oben in einem desolaten Zustand.
Die Bühne war vorne wie hinten mit Scheinwerfern bestückt.

Sätze mit einschränkenden Konjunktionen:
Sie sind nicht schön, aber klug.
Sie sind streng, aber gerecht.
Der Mörder war nicht der Butler, sondern der Gärtner.
Das ist kein Junge, sondern ein Mädchen.
Die Reise ist einerseits anstrengend, andererseits doch irgendwie erholsam.
Die Sonne tut uns einerseits gut, andererseits ist sie mit Gefahren verbunden.
Die Zeitschrift enthält viele exklusive, und zwar journalistisch speziell aufbereitete Artikel.
Die Gartenausstellung präsentiert jede Menge Rosen, und zwar eigens gezüchtete Sorten.

Zwei gleichrangige Nebensätze:

Das Gesetz kann nicht erlassen werden, wenn zu befürchten ist, dass es zu viel Widerstand in der Bevölkerung geben wird.

Die Verordnung muss durchgesetzt werden, auch wenn zu erwarten ist, dass die anderen Länder sich dem nicht anschließen werden.

Die Gefängnisleitung hatte veranlasst, dass die Häftlinge auf dem Hofgang besonders streng bewacht wurden, obwohl die Personaldecke dünn war.

Wenn es stimmt, dass du viel gelernt hast, dann sollte die schlechte Note dich nicht zu sehr betrüben.

Wenn du sicher bist, dass du alles gut geplant hast, dann kann es nicht misslingen.

Wenn es sein soll, dass du ihn triffst, dann wirst du ihn treffen.

Es fiel ihm nichts ein, was sinnvoll gewesen wäre, auf das er hätte zurückgreifen können.

Wir hatten keine Vorstellung, was wir hätten tun sollen, wenn wir rechtzeitig vor Ort gewesen wären.

Wir waren davon überzeugt, dass wir mehr hätten erreichen können, wenn wir besser ausgerüstet gewesen wären.

Gleichrangige Nebensätze mit Konjunktion:

Er weiß sicher Bescheid, was er tun kann und was er besser sein lässt.

Sie hat die Erfahrung, es richtig zu machen und das bestmögliche Ergebnis zu erzielen.

Sie werden schon wissen, welche Argumente überzeugen werden und welche sie besser nicht zur Diskussion stellen.

Es war klar, dass sie den leichten Weg nehmen würden oder dass sie gleich aufgaben.

Wenn wir alle zusammen anpacken oder wenn wir uns einen Profi dazuholen, werden wir es auf jeden Fall schaffen.

Ob wir die Reparatur bezahlen oder ob wir gleich ein neues Radio kaufen, läuft letzten Endes auf dasselbe hinaus: Es wird teuer.

Haupt- und Nebensätze:

Ich bin beleidigt, weil du dich so lange nicht gemeldet hast.

Weil Jens keine Lust hatte, sagte er das Treffen ab.

Die kleine Larissa wollte nicht ins Wasser gehen, weil es ihr zu kalt war.

Obwohl ich ihn gestern noch daran erinnert habe, hat er den Hund nicht gefüttert.

Sie ging arbeiten, obwohl sie Fieber hatte.

Er nahm das Projekt an, obwohl er auf einem anderen Gebiet qualifiziert war.

Seit ich dich kenne, redest du vom Auswandern.

Sie war nicht mehr in Amerika gewesen, seit sie Abitur gemacht hatte.

Karl fuhr nicht mehr Motorrad, seit er bei einem Unfall schwer verletzt wurde.

Sobald die Rechnung bezahlt ist, wird die Ware geliefert.

Ich habe sie besucht, sobald ich von ihrer Krankheit erfahren habe.

Tobias wird den Rasen mähen, sobald er seine Hausaufgaben gemacht hat.

Da die Veranstaltung schlecht besucht war, musste der Organisator Umsatzeinbußen hinnehmen.

Die Fabriktore blieben geschlossen, da die Arbeiter streikten.

Ich werde die Treppe nicht putzen, da die Handwerker morgen wieder alles dreckig machen.

Sergio wird sicher früher nach Hause kommen, wenn es regnet.

Wenn die Fassade erst mal gestrichen ist, sieht das Gebäude wieder aus wie neu.

Ich lese das Buch nur zu Ende, wenn es spannend ist.

Er kam nicht zu dem Treffen, obgleich er fest zugesagt hatte.

Obgleich Hildegard tagtäglich geübt hatte, schnitt sie beim Kochwettbewerb schlecht ab.

Wir fahren in die Steiermark, obgleich ich meinen Urlaub lieber in Süditalien verbracht hätte.

Ich bin erleichtert, dass alles gut gegangen ist.
Dass du glücklich bist, erfüllt uns mit Zufriedenheit.
Er hat sich sehr darüber geärgert, dass du nicht zu seinem Geburtstagsfest gekommen bist.

Fügungen mit als *oder* wie:
Der Schüler lernte besser als vermutet.
Der Schüler lernte besser, als wir vermutet hatten.
Die Braut war schöner als erwartet.
Die Braut war schöner, als wir erwartet hatten.
Das Wetter war wärmer als erhofft.
Das Wetter war wärmer, als wir erhofft hatten.
Der Fotograf retuschierte die Fotos wie gewünscht.
Der Fotograf retuschierte die Fotos, wie sie es gewünscht hatten.
Beim Metzger musste sie wie befürchtet Schlange stehen.
Beim Metzger musste sie Schlange stehen, wie sie befürchtet hatte.
Wie geplant fuhr er pünktlich um acht am Treffpunkt ab.
Wie er es geplant hatte, fuhr er pünktlich um acht am Treffpunkt ab.
Sören ist viel größer als der gleichaltrige Erik.
Besser sie kamen zu früh als zu spät.
Lieber heute als morgen möchte ich das Geld zurückzahlen.
Die Kleinen lagen im Bett wie Engelchen.
Die Arbeitsabläufe liefen wie geschmiert.
Wie schon die Premiere war auch die zweite Aufführung ein voller Erfolg.

2. Das Komma zwischen Satzteilen

- Die einzelnen Teile einer Aufzählung werden durch Kommas voneinander getrennt.
- Steht zwischen den Teilen einer Aufzählung ein *und*, ein *sowie* oder ein *oder*, muss (nicht darf!) das Komma wegfallen.

- Bildet das letzte Adjektiv in einer Aufzählung mit dem nachfolgenden Substantiv eine Einheit, fällt das Komma weg.
- Ausrufe, Bekräftigungen und direkte Anreden werden immer mit Komma abgetrennt; bei Briefanreden kann stattdessen auch ein »!« oder kein Satzzeichen stehen.
- Hervorhebungen können je nach Bedarf mit einem Komma abgetrennt werden.
- Beifügungen (Appositionen), Erläuterungen und Einschübe werden durch Kommas abgetrennt. Steht eine Beifügung mitten im Satz, muss davor UND danach ein Komma gesetzt werden.
- Gehört die Beifügung jedoch zu einem Namen oder handelt es sich um eine feste Fügung, darf kein Komma stehen.
- Bei nachgestellten Beifügungen, die mit *wie* eingeleitet werden, ist das Komma freigestellt.
- Sätze in der direkten Rede werden nun immer mit Komma abgeschlossen, egal welches Satzzeichen vorausgeht.
- Mehrteilige Datums-, Zeit-, Wohnungs- und Literaturangaben werden mit Komma abgetrennt. Steht die Angabe im Satz, darf (nicht muss!) das schließende Komma wegfallen.
- Wenn Nebensätze mit mehrteiligen Fügungen eingeleitet werden, steht normalerweise kein Komma, bei manchen Fügungen können die einzelnen Teile jedoch abgetrennt werden.
- In der Regel können (nicht müssen!) Infinitivgruppen durch Kommas abgetrennt werden.
- Wird eine Infinitivgruppe mit *um*, *ohne*, *außer*, *als*, *statt* oder *anstatt* eingeleitet, steht immer ein Komma.
- Hängt eine Infinitivgruppe von dem nachfolgenden Substantiv ab, wird ein Komma gesetzt.
- Infinitivgruppen, die durch ein hinweisendes Wort angekündigt werden, müssen durch Komma abgetrennt werden.
- Bei einem einfachen Infinitiv mit *zu* darf das Komma weggelassen werden, sofern der Sinn des Satzes verständlich bleibt.
- Infinitivgruppen, die von einem der Hilfsverben *pflegen*, *scheinen* oder *brauchen* abhängig sind, die mit einem übergeord-

neten Satz verschränkt sind oder ihn einschließen, ebenso wie Infinitivgruppen, die in einer verbalen Klammer stehen, werden nicht durch ein Komma abgetrennt.

- In der Regel können Partizip-, Adjektiv- und andere Wortgruppen, müssen aber nicht durch Kommas abgetrennt werden.
- Werden die genannten Wortgruppen jedoch mit einem hinweisenden Wort beziehungsweise einer Wortgruppe angekündigt oder werden sie wieder aufgenommen, muss ein Komma stehen.
- Formelhaft gebrauchte und daher meist verkürzte Nebensätze können mit oder ohne Komma stehen.
- Folgt auf aneinandergereihte Satzglieder ein Nebensatz, der mit *und* oder *oder* angeschlossen wird, steht kein Komma. Grenzen Nebensatz und übergeordneter Satz jedoch direkt aneinander, muss ein Komma gesetzt werden.
- Last, not least noch die bereits weiter oben zitierte Regel: Das Komma kann stehen, um die Gliederung des Satzes zu verdeutlichen oder etwaigen Missverständnissen vorzubeugen.

Wenn Sie jetzt denken, das seien aber ganz schön viele und zudem unübersichtliche Regeln, dann besorgen Sie sich zum Spaß doch mal den alten Duden und sehen nach, wie es früher war. Ein paar Erleichterungen gibt es schon. In diesem Sinne: Packen Sie es an!

Beispiele:

Aufzählungen:
Ich wollte nur meine Ruhe haben, auf dem Sofa schlummern, bei Musik relaxen.
Er plante für seinen Ruhestand viel zu reisen, Freunde zu besuchen, seine Freiheit zu genießen.
Er erledigte den ganzen Haushalt, spielte mit den Kindern, sparte sich das Fitnessstudio.

Er war schlank, feingliedrig, zart.
Sie arbeitete gut, schnell, viel.
Die Tiere waren zutraulich, zahm, lieb.
Er schlief, träumte, schnarchte die ganze Nacht.
Sie kochte, putzte, strickte tagelang.
Die Kinder tobten, lärmten, spielten am Strand.
Er ist natürlich viel, viel klüger als sie.
Das tut so, so gut.
Die Nachbarn sind sehr, sehr hilfsbereit.

Aufzählungen mit Konjunktion:
Frühling, Sommer, Herbst und Winter.
Anne, Lucia und Jenny nahmen an der AG Werken teil.
Sie setzten sich vor den Computer, schalteten ihn ein und legten los.
Bevorzugen die Herren Fußball, Tennis oder Golf?
Es ist mir egal, ob die Katze drei, sieben oder fünfzehn Jahre alt ist.
Ich kaufe von der Prämie das gestreifte Schlafsofa, den Holzsessel oder doch die Spülmaschine.
In den Sommerferien fuhren sie Fahrrad, Rollschuh sowie mit dem Roller.
Der Nachhilfelehrer übte Malnehmen, Subtrahieren sowie Addieren mit der Schülerin.
Du kannst zu Fuß gehen, das Auto nehmen sowie mit der Straßenbahn fahren.

Aufzählungen mit Adjektiven:
Die jüngste klimatische Erderwärmung hinterlässt ihre Spuren.
Die neueste politische Entwicklung befasst sich überwiegend mit dem Thema der Globalisierung.
Nach den letzten baulichen Veränderungen lässt das Museum nun nichts mehr zu wünschen übrig.
Die Gäste trinken eine Flasche kühlen italienischen Weißwein.

Die berühmte bayerische Weißwurst mag man entweder oder man mag sie nicht.
Der prickelnde französische Champagner schmeckt sichtlich allen.
(Alle ohne Komma, da das letzte Adjektiv vor dem Substantiv mit diesem eine Einheit bildet.)
Langhaarige blonde Frauen warten auf die Kavaliere.
(Ohne Komma, weil es auch kurzhaarige blonde Frauen gibt, die warten.)
Beleibte ältere Männer stehen vor der Sauna an.
(Ohne Komma, weil es auch schlanke ältere Männer gibt, die anstehen.)
Kleine schlanke Frauen melden sich in der Tanzstunde an.
(Ohne Komma, weil es auch große schlanke Frauen gibt, die sich anmelden.)
Langbeinige, langohrige Stallhasen nehmen an dem Zuchtwettbewerb teil.
(Mit Komma, weil auch kurzohrige Stallhasen mit langen Beinen teilnehmen.)
Das kühle, dunkle Weißbier läuft wie Öl die Kehle hinunter.
(Mit Komma, weil es auch helles Weißbier gibt, das gekühlt ist.)
Ein deftiger, saftiger Schweinebraten gehört auf jede bayerische Speisekarte.
(Mit Komma, weil es leider auch deftigen Schweinebraten gibt, der staubtrocken ist.)

Ausrufe und Bekräftigungen:
Ach, das ist aber bedauerlich!
Wie scheußlich, igitt!
Er konnte, leider, nichts für uns tun.

Hervorhebungen:
Sein Chef hat ihn[,] leider[,] nur unzureichend informiert.
Die Leitung war[,] ganz plötzlich[,] unterbrochen.
Wir hatten[,] zum Glück[,] genügend Geld dabei.

Offene Stellen[,] wie sie die Agentur für Arbeit vermittelt[,] sollen künftig mehr mit älteren Arbeitnehmern besetzt werden.
Blühende Pflanzen[,] wie Geranien und Dahlien[,] erfreuen uns in unseren Gärten.
Manche Leute[,] wie Hinz und Kunz[,] haben keine eigene Meinung.
Alle[,] bis auf Emil[,] sind zu dem Treffen gekommen.
Keiner[,] außer ihm[,] wollte länger bleiben.
Der Vorsitzende[,] Herr Wagner[,] sprach sich für den Antrag aus.
Die Angeklagte[,] Frau Wiedemann[,] wurde dem Haftrichter vorgeführt.
Johann Wolfgang von Goethe[,] der große Dichter[,] wurde im Jahre 1749 in Frankfurt am Main geboren.
Einsam und alleine im Wald, so erging es dem Rotkäppchen.
In dieser Schule, da habe ich meine Ausbildung gemacht.
Das ist der Mann, den sie geheiratet hat.
Genau so, mit viel Sahne, liebt er die Torte.
Mit viel Glück, nur so hat er die Klasse geschafft.
Mit vielen Freunden und einem großen Buffet, so feierte er sein Jubiläum.
Bitte, lass uns in Ruhe!
Aber bitte, seien Sie doch nicht so empfindlich!
Wenn Sie mir, bitte, die Butter reichen würden.

Direkte Anrede:
Egon, lass das!
Das, meine lieben Freunde, habe ich nicht gewollt.
Herzlichen Dank für Ihr Interesse, verehrte Gäste!
Sehr geehrte Frau Maier,
heute erhielt ich ...
Sehr geehrter Herr Schmidt!
Wie vereinbart sende ich ...
Mein lieber Bruder
endlich antworte ich dir ...

Beifügungen, Erläuterungen und Einschübe:

Das ist Thomas, mein Freund.

Hier kommt Herr Schmidt, unser Gärtner.

Am Rednerpult steht Frau Herrmann, die Schulleiterin.

Das Fahrrad, ein beliebtes Fortbewegungsmittel, belebt immer mehr unsere Straßen.

Richard Wagner, der große Komponist, wird alljährlich anlässlich der Bayreuther Festspiele geehrt.

Herr Christian Ude, der Oberbürgermeister von München, hat sich auch als Schauspieler einen Namen gemacht.

Er ist, da bin ich mir sicher, ein netter Kerl.

Sie haben, das wissen alle, jede Menge Geld.

Er hat, das habe ich gehört, seine schwere Krankheit überwunden.

Der Bär, er wird vermutlich angeschossen gewesen sein, ging plötzlich zum Angriff über.

Die Frau, sie wird sehr traurig gewesen sein, fing plötzlich zu weinen an.

Der Hund, es war wahrscheinlich ein Dobermann, biss sein Herrchen in die Wade.

Sie lernt viel, vor allem nachts wenn es ruhig ist.

Wir müssen handeln, und das sofort.

Er spricht drei Sprachen, nämlich Deutsch, Französisch und Spanisch.

Entweder wir fahren jetzt zusammen, und zwar sofort, oder ich fahre alleine.

Entweder du erzählst mir alles, ohne Umschweife, oder ich ziehe meine Konsequenzen.

Entweder gehen wir zu dir, und zwar umgehend, oder wir gehen zu mir.

Seine Eltern, reiche Leute, sowie seine Geschwister leben in einem großen Schloss.

Mein Hund, ein Labrador, sowie meine zwei Katzen vertragen sich meistens gut.

Margitta, meine Freundin, sowie ihr Ehemann haben mich eingeladen.
Wir hoffen, dass wir Sie nun überzeugt haben, und grüßen Sie.
Das Paar geht davon aus, die Wohnung gleich besichtigen zu können, und wartet geduldig.
Der Hausmeister hat gesagt, er könne heute nicht kommen, und sich dafür entschuldigt.
Im nächsten Semester, also im Herbst, lernen die Studenten für das Abschlussexamen.
Jedes Jahr im Sommer, das heißt im Monat August, feiern wir seinen Geburtstag.
Sie hatten viele Katzen, gekaufte und zugelaufene.
Sie verdankte ihm alles, Vergangenes und Gegenwärtiges.
Er interessierte sich für sämtliche Nachrichten, ältere und aktuelle.
Dein Bruder, der ältere, muss mir helfen.
Sie, den Ehemann am Arm[haltend], schleppte ihn nach Hause.
Hähnchen, gebraten
Fleisch, gepökelt
Schnitzel, paniert

Beifügungen mit Namen und feste Fügungen:
Friedrich der Große war ein bedeutender Mann.
Peter Bruegel der Ältere hat wunderschöne Landschaftsbilder gemalt.
Otto Normalverbraucher kann sich diese Wohngegend nicht leisten.
Forelle blau
Hans Joachim Meister senior
Fritz Meyer junior
Die junge Maid wunderschön ...
Dem holden Jüngling zart und rein ...
Der blonde Engel wunderbar ...

Beifügungen mit wie:
Ihre Steuererklärung[,] wie Umsatzsteuererklärung, Anlage N und Anlage GSE[,] werden wir umgehend bearbeiten.
Ihre Bewerbungsunterlagen[,] wie Lebenslauf, Zeugnisse und Referenzen[,] werden von uns eingehend geprüft.
Unsere schönsten Exponate[,] wie Picassos, van Goghs, Gauguins und dergleichen[,] stellen wir Ihnen gerne zur Ansicht zur Verfügung.

Direkte Rede:
»So geht das nicht!«, schimpfte er und rauschte aus dem Zimmer.
»Pass auf!«, rief sie ihrer Cousine noch zu, doch es war zu spät.
»Hallo!«, begrüßte der Lehrer die Schüler ungezwungen.
»Wie geht es dir?«, erkundigte der Vater sich bei seinem kranken Sohn.
»Hast du den Herd ausgemacht?«, fragte sie, als sie schon auf der Autobahn waren.
»Kommst du auch zu meiner Lesung?«, erkundigte sie sich.
»Wenn das so weitergeht, dann ...«, drohte er.
»Wenn Frank das wüsste ...«, erwiderte sie vielsagend.
»Kannst du ...«, begann sie, ehe sie unterbrochen wurde.
»Der neue Roman von Amelie Fried ist sehr unterhaltsam«, schwärmte sie.
»Gestern waren wir in der Stadt zum Bummeln«, sagte Caroline.
»Wer rastet, der rostet«, so lautet die Devise.

Datums-, Wohnungs- und Literaturangaben:
Er meldet sich Freitag, den 13. März.
Sie denkt an Montag, den 20. Juli.
Der Verliebte vertraut auf Mittwoch, den 14. Februar.
Wir sehen uns am Montag, dem 7. Mai, [um] 19 Uhr.
Sie ruft uns Mittwoch, [den] 7. Juni[,] wieder an.
Sie ruft uns am Mittwoch, dem 7. Juni[,] wieder an.

Dienstag, den 12. August, [um] 20 Uhr[,] wird das Konzert aufgeführt.
Das Konzert wird am Dienstag, den 12. August, [um] 20 Uhr[,] in der Andreas-Kirche aufgeführt.
Würzburg, [den] 20. Mai 2007.
Wir wohnen in München, Leopoldstraße 104.
Sie wohnen in Bad Kissingen, Untere Saline 50.
Frau Schmidt aus Heidelberg, am Markt 15[,] hat im Lotto gewonnen.
Herr Weber ist von München, Tölzer Straße 20[,] nach Bad Aibling, Herzogstraße 15[,] umgezogen.
Ich beziehe mich auf den Brockhaus, 20. Auflage, Band 10.
Es handelt sich um ein Zitat aus der Oper Figaros Hochzeit, 1. Akt, 2. Szene.
Der Artikel ist im *Stern*, Heft 30, 2006, S. 20[,] erschienen.
Der Anwalt bezieht sich auf § 10 Abs. 3 Satz 4 des Bürgerlichen Gesetzbuches.

Mehrteilige Fügungen:
Die Geschichte ist zu kompliziert, als dass man sie verstehen könnte.
Anstatt die Feuerwehr zu rufen, fing er selbst zu löschen an.
Sie tut, als wenn sie mit der Sache nichts zu tun hätte.
Angenommen[,] dass die Hose mir passt, würdest du sie mir leihen?
Ich fahre mit euch, ausgenommen[,] wenn es regnet.
Ich freue mich auf die Ferien, besonders[,] wenn schönes Wetter ist.
Er sieht schlecht, geschweige[,] dass er ohne Brille aus dem Haus geht.
Er ist geizig, geschweige denn[,] dass er ihr irgendetwas schenkt.
Er liebt sie, gleichviel[,] ob sie seine Liebe erwidert.
Er besucht seine Eltern, je nachdem[,] ob es zeitlich passt oder nicht.
Ich bleibe bei ihm, egal[,] was die Leute reden.

Infinitivgruppen:
Er lehnte es ab[,] mit uns zu kommen.
Dem anderen eine Freude zu machen[,] ist die größte Freude.
Wir bestanden darauf[,] eine Erklärung zu erhalten.
Sich selbst genug zu sein[,] ist das höchste Gut.
Ich rate[,] ihr Glauben zu schenken.
Ich rate ihr[,] Glauben zu schenken.
Anstatt mich zu nerven, könntest du ihn auch selbst anrufen.
Anstatt ins Kino zu gehen, könnten wir auch zu Hause bleiben.
Ich wäre lieber allein, anstatt mich mit den Problemen der anderen zu belasten.
Da kann man nichts machen, außer zuzuhören.
Das lässt sich nicht klären, außer man fährt hin.
Er scheint nie fertig zu werden, außer man hilft ihm.
Er machte alles richtig, ohne sich vorbereitet zu haben.
Die Kinder gingen weg, ohne den Eltern Bescheid zu sagen.
Ohne mit der Wimper zu zucken, verneinte er unsere Anfrage.
Warum nimmst du mir nichts ab, statt mir bei der Arbeit zuzuschauen?
Ich gehe lieber in die Oper, statt für die Klausur zu lernen.
Wir besuchen lieber die Mensa, statt im Restaurant viel Geld zu bezahlen.
Er ging in die Küche, um sich ein Glas Wasser zu holen.
Der Lehrer rief die Eltern an, um sich zu beschweren.
Ich fahre ans Meer, um mich zu erholen.
Meine Idee, Pilze zu sammeln, wurde abgelehnt.
Seine Absicht, Arzt zu werden, scheiterte an seinem Notendurchschnitt.
Ihr Plan, ins Ausland zu gehen, fand großen Anklang.
Er äußerte seine Meinung, wie der Umbau aussehen könnte.
Sie verkündeten ihre Entscheidung, wegzuziehen.
Peter hatte die Absicht, auf die Party zu gehen.
Spazieren zu gehen, das ist das Schönste überhaupt.

Zu fliegen, das ist nicht jedermanns Sache.
Zu kochen, das will gelernt sein.
Erkläre mir bitte, den Computer auszumachen.
Er befiehlt ihnen, den Mund zu halten.
Sie bemühen sich, wegzuschauen.
Ihre Angst ist es, nach Hause geschickt zu werden.
Seine Befürchtung ist, nicht fertig zu werden.
Unser Plan ist es, in einer Woche nach Rom zu fahren.
Unsere Befürchtung[,] zu versagen[,] war grundlos.
Seine Mahnung [,] aufzupassen[,] war nachvollziehbar.
Ihre Meinung[,] weiterzumachen[,] wurde geteilt.
Wir glauben daran[,] Erfolg zu haben.
Sie denken daran[,] aufzugeben.
Er erinnert daran[,] vorsichtig zu sein.
Die Erfahrung war nicht wegzudenken.
Die Musik war ganz nah zu hören.
Die Sterne waren vollkommen klar zu sehen.
Die Eltern haben uns nichts mehr zu sagen.
Er hat ihr nichts vorzuwerfen.
Das hat nichts zu bedeuten.
Ihr braucht euch deswegen keine Sorgen zu machen.
Wir brauchen uns darüber gar nicht zu unterhalten.
Er braucht sich deswegen keine grauen Haare wachsen zu lassen.
Er pflegt sie jeden Tag zu besuchen.
Wir pflegen jedes Jahr in Urlaub zu fahren.
Die Familie pflegt einen Sonntagsausflug zu machen.
Wir scheinen pünktlich zu sein.
Es scheint heute schönes Wetter zu werden.
Sie scheint recht/Recht zu bekommen.
Diese Geschichte möchten wir zu beenden versuchen.
Er beabsichtigt das Gehörte in die Praxis umzusetzen.
Wir sollten anstreben das Ziel zu erreichen.
Die besagte Reise hoffen wir antreten zu können.

Die erforderlichen Unterlagen veranlassen wir Ihnen zukommen zu lassen.
Die gewünschte Auskunft bitten wir an uns weiterzuleiten.
Sie hatten die Reise zu machen entschieden.
Er hatte seine Arbeit zu beenden versprochen.
Der Chef hatte ihn zu engagieren geplant.

Partizipgruppen:
Die Regel ist[,] streng genommen[,] schwer zu befolgen.
Sie fiel[,] vom Blitz getroffen[,] blitzschnell um.
Wie von einem Sonnenstrahl erhellt[,] strahlte ihr Antlitz.
Ihre Bewerbung betreffend[,] möchten wir Sie gerne zu einem Vorstellungsgespräch einladen.
Seinen Heiratsantrag betreffend[,] bat sie um Bedenkzeit.
Bezüglich Ihrer Wohnungssuche[,] können wir Ihnen mehrere Objekte anbieten.
Er stand[,] sich am Ohr kratzend[,] im Türrahmen.
Er dachte[,] seinen Blick in ihre Augen werfend[,] an etwas ganz anderes.
Der Schüler litt[,] an seinen Fähigkeiten zweifelnd[,] wegen seines Versagens.
Schon immer verlässlich[,] gab es keinen Zweifel, dass er pünktlich kommen würde.
Seit einigen Jahren hinfällig[,] traute er sich keine größere Reise mehr zu.
Immerwährend strebsam[,] hatte er es im Leben zu etwas gebracht.
Er wartete[,] den Rucksack auf dem Rücken[,] an der Bushaltestelle.
Sie begleitete ihn[,] die brennende Kerze im Augenwinkel[,] zur Haustür.
Er umarmte sie[,] die Zigarette in der Hand[,] so fest wie nur irgend möglich.
Genau so, mit festem Fundament konstruiert, steht das Haus am sichersten.

Haargenau so, mit Herzblut vollbracht, müssen die Projekte umgesetzt werden.
Nur so, mit frischen Tomaten garniert, isst er seinen Salat.
Voller Hingabe zuhörend, war sie ganz in die Musik versunken.
Hungrigst in sich hineinschlingend, hatte er sein Essen ganz schnell verzehrt.
Auf seine Art entwaffnend, konnte ihm keiner widerstehen.
Auf seine Weise, jedem offen zugewandt, hatte er großen Erfolg.
Nach dieser Methode, jeden Tag aufs Neue engagiert, führte er das Geschäft seiner Eltern in ihrem Sinne.
Mit dieser Taktik, kontinuierlich angewandt, kam er schließlich ans Ziel.
Die Damen, zutiefst beleidigt, verließen das Lokal.
Der Junge, vom Affen gebissen, rannte schreiend aus dem Zoo.
Die Schüler, von allen guten Geistern verlassen, bemalten die Wände.
Das ist in Ordnung, aus der Nähe gesehen.
Alles rächt sich, im Nachhinein betrachtet.
Die Ehe war gar nicht so schlecht, mit Verlaub gesagt.
Lediglich in dieser Ausgabe, aufwändig/aufwendig und kunstvoll gebunden, war das Buch noch zu erwerben.
Nur in diesem Jahr, speziell und exklusiv, wird diese Reise angeboten.
Ausschließlich an Wochenenden, bei schönem und warmem Wetter, wurde eine Bergtour geplant.
Er, die Flasche in der einen Hand [haltend], nippte an seinem Drink.
Die Kinder, auf der Wiese [liegend], ruhten sich genüsslich aus.
Die Ehefrau, im Garten [arbeitend], jätete das Unkraut.

Formelhafte Nebensätze:
Er schlief[,] wie jeden Tag[,] nach dem Essen ein.
Rufen Sie mich[,] falls erforderlich[,] sofort an.
Wir schauen[,] wenn möglich[,] morgen vorbei.
Lassen Sie mich[,] falls gewünscht[,] sofort rufen.

Aneinandergereihte Satzglieder:
Der Student besorgte sich alle erforderlichen Bücher, Broschüren, Zeitschriften und was er sonst für sein Studium benötigte.
Die Mutter backte einen Kuchen mit den Zutaten Mehl, Zucker, Eier und was sonst noch erforderlich war.
Der Gärtner kümmerte sich um die Utensilien für seine Arbeit wie Erde, Samen und Dünger sowie Hacke und Schaufel und was sonst noch von Nutzen war.
Der Student hatte sich alle erforderlichen Bücher, Broschüren, Zeitschriften und was er sonst für sein Studium benötigte, besorgt.
Die Mutter hatte einen Kuchen mit den Zutaten Mehl, Zucker, Eier und was sonst noch erforderlich war, gebacken.
Der Gärtner hatte sich um die Utensilien für seine Arbeit wie Erde, Samen und Dünger sowie Hacke und Schaufel und was sonst noch von Nutzen war, gekümmert.

Satzgliederung und Missverständnisse:
Peter, mein Freund, und ich gehen oft ins Kino (Beifügung: Peter ist mein Freund; es ist von zwei Personen die Rede).
Peter, mein Freund und ich gehen oft ins Kino (Aufzählung: Peter und mein Freund und ich; es ist von drei Personen die Rede).
Maria, meine Tante, und ich trinken zusammen Kaffee (Beifügung: Maria ist meine Tante; es ist von zwei Personen die Rede).
Maria, meine Tante und ich trinken zusammen Kaffee (Aufzählung: Maria und meine Tante und ich; es ist von drei Personen die Rede).
Hasso, mein Hund, und ich gehen gerne an der Isar spazieren (Beifügung: Hasso ist mein Hund; es ist von zwei Lebewesen die Rede).
Hasso, mein Hund und ich gehen gerne an der Isar spazieren (Aufzählung: Hasso und mein Hund und ich; es ist von drei Lebewesen die Rede).
Ihr gefällt es, auch wenn sie nur einen Kuss bekommt.

Ihr gefällt es auch, wenn sie nur einen Kuss bekommt.
Ihm schmeckt es, auch wenn es nur Pudding gibt.
Ihm schmeckt es auch, wenn es nur Pudding gibt.
Wir schätzen sie, auch wenn sie streng ist.
Wir schätzen sie auch, wenn sie streng ist.

Klein und doch ganz groß

Bei der Groß- und Kleinschreibung hat sich ebenfalls eine ganze Menge geändert, und hier ist wirklich vieles einfacher geworden – wenn auch nicht alles. Allerdings ging das Ganze nicht ohne Rebellion vonstatten: Den massivsten aller Proteste mussten die Reformer wohl bei der veränderten Schreibweise der Anrede in Briefen wegstecken. Nachdem sie beschlossen hatten, dass bei nicht förmlichen Anredeformen künftig kleingeschrieben werden sollte, brach eine ganze Flut an Protestbriefen über sie herein. Dementsprechend wurde die Regel bei einer der zahlreichen Re-Reformen auch schon wieder überarbeitet, mit dem Ergebnis, dass nun neben der neuen auch die alte Schreibung wieder gültig ist. Eigentlich seltsam, schließlich schreibt hierzulande angeblich kaum noch jemand Briefe ...
Aber das war jetzt nur ein Beispiel von vielen, und grundsätzlich sind die Änderungen bei der Groß- und Kleinschreibung auf breite Zustimmung gestoßen. Ist doch schön, wenn auch mal was klappt, oder?
Dass man alle Substantive, das erste Wort eines selbstständigen Satzes, das erste Wort einer Überschrift oder eines Titels sowie das erste Wort in der direkten Rede immer großschreibt, sei hier als selbstverständlich vorausgesetzt und wird daher nur am Rande erwähnt.
Hier also eine Übersicht über das, was in Sachen Groß- und Kleinschreibung derzeit vorgeschrieben ist – und hoffentlich auch bleibt.

Unbedingt groß

Die Großschreibung gilt für:

- Eigennamen, also Namen von Personen, Sternbildern und Himmelskörpern, Parteien, Institutionen, Firmen, ebenso Titel- und Ehrenbezeichnungen sowie historische Ereignisse;

- Zahlwörter, Adjektive und Partizipien, die zu Eigennamen gehören;
- Adjektive, die von Personennamen abgeleitet sind, wenn sie mit Apostroph von der Endung getrennt werden;
- substantivierte Wörter aller Wortarten, also Verben, Adjektive, Adverbien, Präpositionen, Konjunktionen, Partizipien, Pronomen, Interjektionen, unbestimmte Zahladjektive und Zahlwörter;
- das Anredepronomen Sie und alle Ableitungen davon;
- Tageszeiten, die mit Artikel, Präpositionen oder Pronomen stehen, sowie Tageszeiten, die auf die Adverbien vorgestern, gestern, heute, morgen und übermorgen folgen;
- Wochentage mit und ohne Angabe der Tageszeit;
- geografische Namen wie Erdteile, Länder, Städte, Meere und Regionen;
- Ableitungen von geografischen Namen auf -er, außerdem Partizipien und Adjektive, die zu einem solchen gehören;
- Paarformeln;
- feste Redewendungen mit Partizipien;
- Farb- und Sprachbezeichnungen, die mit Präpositionen verwendet werden.

Ausnahmen:

- Ableitungen von geografischen Namen auf -isch schreibt man klein, sofern sie nicht zum Eigennamen gehören.
- Besteht eine Paarformel aus einer Präposition und einem nicht deklinierten Adjektiv, schreibt man klein.
- Werden mehrere substantivierte Konjunktionen mit einem Bindestrich verbunden, wird nur die erste großgeschrieben.

Beispiele:

Hallo allerseits, ich heiße **Daniela Wagner**.
Den **Großen Wagen** sieht man gerade besonders gut.
Zu Zeiten der **Französischen Revolution** hätte ich nicht gerne gelebt.

Der **Heilige Vater** kommt nächstes Jahr nach Deutschland.
Neulich habe ich mich wieder mal über die **Deutsche Post** geärgert.
Katharina die Große war eine beeindruckende Frau.
Karl der Fünfte soll ganz schön grausam gewesen sein.
Der **Alte Fritz** hat sich nicht nur Freunde gemacht.
Das **Ohm'sche Gesetz** habe ich nie verstanden.
Gestern habe ich wieder die **Wagner'schen** Opern gehört.
Das war jetzt mal ein klassischer **Freud'scher** Fehler.
Das **Schreiben** fällt ihm nach der Operation immer noch schwer.
Fast alle Kinder lieben Hamburger, Pommes, Mayo und **Sonstiges**.
Die beiden Geschwister haben viel **Ähnliches**.
Im Allgemeinen sind sie sich einig, **im Speziellen** weniger.
Der **Einzelne** geht in der Masse unter.
Ein **Drittel** der Arbeit war bereits erledigt.
Pünktlich um **Viertel** vor sieben stand er vor der Tür.
Jeder **Fünfte**, der in der Reihe stand, war bereits im Besitz einer Eintrittskarte.
Als **Erstes** möchte ich dir gratulieren.
Als **Letztes** wollen wir Sie an alles Wichtige erinnern.
Alles **Organisierte** funktionierte bestens.
Er liebte alles **Beschauliche**.
Alles **Vergessene** kam ihm allmählich wieder in Erinnerung.
Etwas **Gutes** hatte das Missgeschick dennoch.
Ich muss dir etwas **Geheimes** mitteilen.
Sie bestellte etwas **Leichtes**.
Da gibt es nichts **Besseres**.
Das war doch gar nichts **Besonderes**.
Der Tag brachte uns viel **Unerfreuliches**.
Er hatte wenig **Erbauliches** mitzuteilen.
Es blieb kaum **Wichtiges** zu schreiben.
Er liebte es, aus dem **Vollen** zu schöpfen.
Es war ihre Art, stets aufs **Ganze** zu gehen.
In seinem Job muss er immer auf dem **Laufenden** sein.

Jemanden mit **Sie** anreden.
Er ist ein Mister **Nobody**.
Bei ihm wird das Wörtchen **»Ich«** ganz groß geschrieben.
Habe ich **Ihnen** schon mal gesagt, dass **Sie** das wirklich gut machen?
Gestern habe ich **Ihren** Sohn in der Stadt gesehen.
Es wäre nett, wenn **Sie** sie einpacken könnten.
Am Abend mache ich regelmäßig Sport.
Eines Morgens entdeckte sie ein Kaninchen im Keller.
Jeden Mittag treffen sie sich auf einen Kaffee.
Gestern Mittag gingen wir zusammen essen.
Heute Morgen ist sie schon wieder munter.
Morgen Abend ist das Schlimmste ausgestanden.
Am **Dienstagabend** habe ich keine Zeit.
Sehen wir uns nächsten **Montag**?
Jeden **Sonntagmorgen** holt er frische Brötchen.
Im **Bayerischen Wald** kann man ganz wunderbar wandern.
Im **Indischen Ozean** leben immer weniger Fische.
Das **Tote Meer** würde ich gerne mal sehen.
Der **Schweizer Käse** ist besonders lecker.
Habt ihr schon mal den **Kölner Dom** gesehen?
Ich hätte gern ein **Wiener Schnitzel** mit Bratkartoffeln.
Das Volksfest bietet etwas für **Groß und Klein**.
Unser Angebot wendet sich an **Jung und Alt**.
Die neueste Mode eignet sich für **Dick und Dünn**.
Sie haben **Folgendes/das Folgende** in Erwägung gezogen.
Das jetzt **Erwähnte** ist ganz besonders wichtig.
Jedem **Rat Suchenden/Ratsuchenden** wird bei uns nach Kräften geholfen.
Er würde ihr so gerne etwas **auf Französisch** sagen.
Auf gut **Deutsch** gesagt, ist er ein Depp.
Sie ist **bei Rot** über die Ampel gegangen, ich habe es genau gesehen.
Die **badische** Weinkönigin ist dieses Jahr sehr attraktiv.

In den Osterferien waren wir an der **Mecklenburgischen Seenplatte**.
Die **kölschen** Jungs sind besonders keck.
Wahre Freunde gehen gemeinsam **durch dick und dünn**.
Über kurz oder lang wird er sie verlassen.
Sie hatten **von früh bis spät** an dem Haus gearbeitet und dennoch waren sie nicht fertig geworden.
Dieses ständige **Als-ob** macht mich ganz krank.
Gehen wir zu mir oder zu dir? Es gibt kein **Sowohl-als-auch**, nur ein **Entweder-oder**.
Ein **Weder-noch** hilft keinem weiter.

Unbedingt klein

Die Kleinschreibung gilt für:

- Adjektive, Artikel, Adverbien, Interjektionen, Konjunktionen, Partizipien, Präpositionen, Pronomen und Verben;
- Adjektive, die von Personennamen abgeleitet sind;
- die Zahladjektive *andere*, *ein*, *viel* und *wenig*, und zwar in allen Beugungsformen;
- Substantive, die zu Präpositionen, Adverbien oder unbestimmten Pronomen geworden sind;
- Superlative, die mit *am* gebildet werden, wenn man die Frage Wie? danach stellen kann;
- Pronomen, welche die Rolle eines Substantivs einnehmen;
- alle Grundzahlen;
- Einschübe, die mit Klammern oder Gedankenstrichen innerhalb eines Satzes eingefügt werden;
- Pronomen, Partizipien und Adjektive, wenn sie alleine stehen und man ein vorausgehendes oder folgendes Substantiv ergänzen kann;
- die Anredepronomen *ihr* und *du*, ebenso wie die Beugungen *dein* und *euer*;

- die Wörter *angst, bange, gram, leid, pleite* und *schuld*, wenn sie zusammen mit den Verben *sein* oder *werden* verwendet werden;
- Verbzusätze, die einmal aus Substantiven entstanden sind, wenn sie getrennt vom Verb stehen.

Ausnahmen:

Werden die Zahladjektive *andere, ein, viel* und *wenig* nicht als Attribute von Substantiven gebraucht, dann dürfen sie auch großgeschrieben werden.
Wenn bei den Grundzahlen die Ziffer oder der Zahlwert bezeichnet werden soll, schreibt man groß.
In Verbindung mit anderen Verben schreibt man angst, bange und schuld groß.

Beispiele:

Der **gordische** Knoten soll 333 v. Chr. von Alexander dem Großen durchschlagen worden sein.
Das **haunersche** Kinderspital ist deutschlandweit ein Begriff.
Der **becksche** Verlag ist einer der führenden Fachbuchverlage.
Es gab nicht **wenige**, die anders dachten.
Nicht **vielen** war die letzte Konsequenz bewusst.
Der **einen Kinder** reden nur, der **anderen** handeln.
Von **morgens** bis **abends** klingelt bei uns das Telefon.
Ihr gegenüber hatte ich **anfangs** durchaus Vorurteile.
Sie ging **trotz** des Regens ohne Mantel nach draußen.
Das ist ein **bisschen** viel verlangt.
Am besten, du gehst heute früher los, es ist viel Verkehr.
In Italien fand die alte Dame es **am schönsten**.
Am häufigsten fielen die Prüflinge bei Frage 6 durch.
Das sollen ruhig mal **andere** erledigen.
Die **beiden** sind ein wunderschönes Paar.
Das kann doch **jeder**.
Unsere Urlaubsreise kostete **tausend** Euro.
Die Veranstaltung lockte **fünfhundert** Besucher an.

Das Meeting beginnt um **elf**.
Die Urlaubsreise (**nach** Frankreich) war alles andere als billig.
Die Geschwister – **zwei** Mädchen und zwei Jungen – sahen sich sehr ähnlich.
Frisches Gemüse ist viel gesünder als **eingefrorenes**.
Das neue Auto fährt viel schneller als das **alte**.
Die blaue Tasche passt besser zu dem Kleid als die **grüne**.
Was wolltest **du** mir damit sagen?
Habt **ihr euer** Handtuch wiedergefunden?
Ich habe mir **dein** Fahrrad ausgeliehen.
Als sie ihn mit der Verletzung sah, wurde ihr **angst** und **bange**.
Die neue Firma von Christa ist schon wieder **pleite**.
Daran ist sie selbst **schuld**.
Wir **nehmen** an der Ausschreibung selbstverständlich **teil**.
Klaus gibt sein Geheimnis einfach nicht **preis**.
Wenn **einer** keine Lust hat, soll er es bleiben lassen.
In ihm hat sich schon **manche** getäuscht.
Die Meinung **vieler/Vieler** war ihm gleichgültig.
Die **einen/Einen** lernten fleißig, die **anderen/Anderen** waren faul.
Der Applaus der **wenigen/Wenigen** zählte doppelt.
Der große Zeiger kroch so langsam wie nie zuvor auf die **Zwölf** zu.
Ich habe bei der Tombola die **Drei** gezogen.
Kannst du denn keine **Sieben** richtig schreiben?
Der Mann gestern Abend im Park hat mir **Angst** und **Bange** gemacht.
Wieso hast du ihm denn dafür die **Schuld** in die Schuhe geschoben?

Entweder groß oder klein

Manchmal ist auch beides erlaubt, Groß- oder Kleinschreibung. Dann hat ein jeder zwar die Qual der Wahl, dafür kann man in den folgenden Fällen garantiert nichts falsch machen.

Entweder groß- oder kleinschreiben darf man bei

- substantivierten Verben, vor denen kein Artikel steht;
- den Anredepronomen du/Du und ihr/Ihr sowie dein/Dein und euer/Euer in Briefen;
- Zahlwörtern, die eine Menge beschreiben, die man nicht in Ziffern ausdrücken kann;
- deklinierten substantivierten Adjektiven;
- Superlativen, die mit *aufs* gebildet und mit Wie? erfragt werden.

Ausnahmen:

Superlative, die mit aufs gebildet und *nicht* mit Wie? erfragt werden, schreibt man immer groß.

Beispiele:

In der Schule lernen wir **Lesen/lesen** und **Schreiben/schreiben**.
Im Ferienlager hatten wir jeden Tag **Tanzen/tanzen** und **Singen/singen**.
Nur **Sonnen/sonnen** und **Faulenzen/faulenzen** – mehr haben wir im Urlaub nicht gemacht.
Lieber Richard,
wie hast **du/Du** denn **deinen/Deinen** Urlaub verbracht?
Wir umarmen **dich/Dich**,
deine/Deine Eltern
Liebe Gerda, lieber Franz,
wir beglückwünschen **euch/Euch** zu dem großen Erfolg. Alles Gute
euer/Euer Kollegenteam
In der Aula versammelten sich **Hunderte/hunderte** von Studenten.
Einige Tausend/tausend Kilometer lagen noch vor uns.
Wir erhielten **Dutzende/dutzende** von Zuschriften.
Alles blüht bei ihr; sie hat einen **grünen/Grünen** Daumen.
Die **erste/Erste** Liebe ist die schönste.

Die **beste/Beste** Freundin leiht immer ihr Ohr.
Von nahem/Nahem betrachtet, sieht es ganz anders aus.
Bis auf weiteres/Weiteres verabschieden wir uns von Ihnen für heute.
Von weitem/Weitem schon hörte man ihr perlendes Lachen.
Dies ist bei **Weitem/weitem** nicht alles gewesen.
Die Touristen waren **aufs Beste/beste** untergebracht.
Die Zirkustiere wurden **aufs Schlechteste/schlechteste** behandelt.
Die Theaterbesucher amüsierten sich **aufs Köstlichste/köstlichste.**
Lori hofft *(worauf?)* **aufs Optimale.**
Sie sind *(worauf?)* **aufs Schlimmste** vorbereitet.
Er spekuliert *(worauf?)* immer **aufs Abwegigste.**

Getrennt oder zusammen?

In der Zusammen- und Getrenntschreibung herrschte früher sozusagen Sodom und Gomorrha. Das mag jetzt drastisch klingen, Fakt ist jedoch, dass dieser Punkt jahrzehntelang zu den größten Baustellen in der deutschen Rechtschreibung gehörte. Denn auch wenn hierzulande die Dinge eher über- denn unterreguliert sind: Die Getrennt- und Zusammenschreibung war in der Vergangenheit – oh Wunder! – nicht generell geregelt. Demnach waren Sonderregeln und Einzelfallfestlegungen an der Tagesordnung und stifteten mit schöner Regelmäßigkeit Verwirrung.
Durch die Reform sollte da natürlich Abhilfe geschaffen werden, und so gibt es eine Vielzahl an Neuerungen und Angleichungen. Dennoch bleibt die Getrennt- und Zusammenschreibung ein schwieriges Kapitel. Hier sind mit Abstand die meisten Varianten möglich, und oft muss man genau überlegen, was man ausdrücken möchte, bevor man das eine oder andere Wort getrennt oder zusammenschreibt, denn häufig gilt: Die Bedeutung macht den (kleinen) Unterschied. Doch dazu später mehr.
Beginnen wir doch mal mit den Regeln, die ganz eindeutig sind und zu denen es keine Sonderregelungen gibt. Leider sind es die wenigsten, nämlich genau vier, doch dafür sind sie sehr leicht zu merken:

- Verbindungen mit *sein* werden immer getrennt geschrieben.
- Verbindungen mit *allzu*, *ebenso* und *genauso* werden grundsätzlich getrennt geschrieben.
- Neben so viele/wenige, wie viele/wenige und zu viele/wenige werden von nun an auch so viel/wenig, wie viel/wenig und zu viel/wenig auseinandergeschrieben. So viel sollte allerdings nicht mit der Konjunktion soviel verwechselt werden.
- Die Verbindung so weit wird ebenfalls auseinandergeschrieben, darf allerdings nicht mit der Konjunktion soweit verwechselt werden.

Da gibt es kein Wenn und kein Aber, kein Vielleicht und kein Obwohl. Die nächste Regel – wir steigern uns langsam – ist fast ebenso verbindlich, sie lässt nämlich gerade mal eine Ausnahme zu:

- Verbindungen mit irgend- werden zusammengeschrieben.
- Die einzige Ausnahme gilt dann, wenn der zweite Teil des Wortes in irgendeiner Form erweitert ist, etwa bei irgend so ein.

Beispiele:

Die Werbepause müsste doch jetzt bald **vorbei sein**.
Kannst du morgen bitte pünktlich um drei **hier sein**?
Dazu wird Pedro **außerstande sein/außer Stande sein**.
Um die Uhrzeit hätte das kleine Mädchen gar nicht mehr **auf sein** dürfen.
Da wird ihm aber ganz schön mulmig **zumute/zu Mute sein**.
Das mit der Gehaltserhöhung wurde Elisabeth nun schon **allzu oft** angekündigt, ohne dass etwas passiert ist.
Anstatt in die Toskana können wir in den Sommerferien auch **ebenso gut** in die Normandie fahren.
Die Butter kostet in dem Tante-Emma-Laden von Herrn Schreiner **genauso viel** wie im Supermarkt.
Er hat **so viel** gelernt, trotzdem hat er im Diktat nur eine fünf geschrieben.
Soviel ich weiß, hat Claudia für morgen Vormittag abgesagt.
Die Seminarleiterin hat **zu viele** Anmeldungen erhalten und wird daher einen zweiten Kurs anbieten.
Die junge Mutter wundert sich, **wie wenig** ihr kleiner Sohn heute geweint hat.
Es ist **so weit**: Der große Tag steht unmittelbar bevor.
Soweit ich das aus der Ferne sehen kann, hat sich der Reiter beim Sturz nicht verletzt.

Wirklich sinnvoll ist der nachfolgende Satz nicht, aber es sind so gut wie sämtliche Formen, die man mit irgend- bilden kann, darin enthalten.

Wenn irgendwann einmal irgendwer irgendetwas irgendjemandem irgendwie irgendwohin bringt, dann hat irgendeiner oder irgendeine irgendeinmal irgendwas irgendwann getan.

Substantive und Verben

Für die Verbindung von Substantiven und Verben gibt es drei Regeln:

- Solange ein Substantiv seine Eigenständigkeit bewahrt hat, wird auseinandergeschrieben, also: Klavier spielen, Maschine schreiben, Rad schlagen.
- Ist das Substantiv verblasst, schreibt man zusammen, also: heimbringen, standhalten, stattgeben.
- Bildet das Substantiv mit dem Verb eine untrennbare Einheit, wird ebenfalls zusammengeschrieben, also: brandmarken.

Daneben gibt es aber noch einige Fälle, in denen jedem die Entscheidung überlassen bleibt, und zwar je nachdem, ob:

- man die Verbindung zwischen Substantiv und Verb als Wortgruppe oder Zusammensetzung betrachtet; bei Wortgruppen schreibt man das Substantiv übrigens groß, also: achtgeben oder Acht geben;
- das Verb in Form eines Partizips steht. Dann darf man ebenfalls getrennt oder zusammenschreiben, also: Daten verarbeitend oder datenverarbeitend.

Ausnahmen:

Zwei Ausnahmen sind bei der Getrennt- und Zusammenschreibung von Substantiven und Verben zu beachten, nämlich:

- Sind Substantiv und Partizip durch ein Fugen-s verbunden, wird zusammengeschrieben, also: erholungssuchend, richtungsweisend.
- Fällt bei einem Substantiv, das mit einem Partizip steht, im Vergleich zu der Verbindung Substantiv + Verb im Infinitiv ein

Artikel oder eine Präposition weg, so wird zusammengeschrieben, also: angsterfüllt (von Angst erfüllt), todbringend (den Tod bringend).

Beispiele:

Die Kinder **fuhren** den ganzen Tag **Rad**.
Unser Hund liebt es, **Auto zu fahren**.
Gestern waren wir **eislaufen**.
An der Trauerfeier **nahm** sogar der Bürgermeister **teil**.
In der Vollmondnacht **schlafwandelte** sie mal wieder durchs Haus.
Die Gleichung muss einfach falsch sein, **schlussfolgerte** der Mathematiker.
Können wir an der nächsten Raststätte **Halt machen/haltmachen**?
Im Umgang mit Alkohol muss er künftig lernen, **Maß zu halten/maßzuhalten**.
Heute hat er mal **staubgesaugt/Staub gesaugt**.
Als er von dem Fehler seines Kollegen hörte, **hohnlachte er/lachte er Hohn**.
Nach dem Unfall mussten **lebensrettende** Maßnahmen ergriffen werden.
Der Film war wirklich **herzerwärmend**.
Glücklich und zufrieden sah sie auf den **sonnenbeschienenen** See hinaus.

Verben und Verben

Bei Verbindungen aus zwei Verben gilt im Grunde nur eine Regel:

- Wird ein Verb im Infinitiv mit einem anderen Verb verbunden, so werden die beiden grundsätzlich getrennt geschrieben.

Wenn Sie sich an diese Vorgabe halten, können Sie schon mal so gut wie nichts falsch machen. Erweiternd kommen die folgenden Punkte hinzu:

- Verbindungen mit *bleiben* oder *lassen* können wahlweise getrennt oder zusammengeschrieben werden.

- *Kennenlernen* darf auch getrennt, also *kennen lernen*, geschrieben werden.
- Wird eine Verbindung aus zwei Verben in Partizipform als Attribut gebraucht, kann man ebenfalls zwischen Getrennt- und Zusammenschreibung wählen.
- Zusammengesetzte Zeitformen werden immer getrennt geschrieben.

Beispiele:

Gestern ist Fred mit seinem Hund zwei Stunden **spazieren gegangen**.
Sie hat ihn erst mit der Zeit **lieben gelernt**.
Bei der Weihnachtsfeier hat Cornelia endlich den Hausmeister **kennen gelernt/kennengelernt**.
Bei dem Thema musste Iris einfach eine spitze Bemerkung **fallen lassen/fallenlassen**.
Chris kam fast eine Stunde zu spät, er war im Stau **stecken geblieben/steckengeblieben**.
Der **steckengebliebene/stecken gebliebene** Traktor musste erst befreit werden.
Der Kleinwagen **ist** im Schlamm **stecken geblieben**.

Partizipien und Verben

Grundsätzlich sollte man sich bei der Schreibung von Verbindungen aus Partizip und Verb an die folgende Regel halten:

- Verbindungen aus Partizip und Verb werden getrennt geschrieben.

ABER:

- Wird die Verbindung als Attribut gebraucht, dann darf sie auch zusammengeschrieben werden, da man sie als Einheit auffassen kann.

- Zusammen- fällt nicht darunter, da es sich dabei wie bei ent-, ab- oder zwischen- um einen Partikel handelt, der im Infinitiv, den beiden Partizipien sowie bei Endstellung des Verbs im Satz immer zusammengeschrieben wird.

Beispiele:

Ich habe gehört, dass Sabine und Carsten inzwischen **getrennt leben.**
Die Entführer haben ihre Opfer sieben Wochen lang **gefangen gehalten.**
Haben die **getrenntlebenden/getrennt lebenden** Eheleute ihre Anwaltsrechnung schon bezahlt?
Haben die **gefangengehaltenen/gefangen gehaltenen** Geiseln sich inzwischen erholt?
Er könnte sich ruhig ein bisschen mehr **zusammennehmen** und nicht so viel jammern.
In schweren Zeiten muss man **zusammenhalten.**

Adjektive und Verben

Bei der Verbindung zwischen Adjektiven und Verben unterscheidet man zwei Möglichkeiten:

- die Verwendung im wörtlichen Sinne,
- die Verwendung im übertragenen Sinne.

Bei einer neuen, übertragenen und damit nicht wörtlich zu nehmenden Gesamtbedeutung der Verbindung wird in der Regel zusammengeschrieben, bei der wörtlichen Gesamtbedeutung dagegen sowohl zusammen als auch auseinander.
Wenn Sie wollen, können Sie es sich in diesem Fall also ganz einfach machen, indem Sie alle Verbindungen von Adjektiven und Verben zusammenschreiben. Damit sind Sie immer auf der sicheren Seite und es kann Ihnen – aus Rechtschreibsicht – nichts passieren. Die Risikofreudigeren unter Ihnen dürfen selbstver-

ständlich das Abenteuer wagen und von Fall zu Fall entscheiden, frei nach dem Motto: no risk, no fun!

Ausnahmen:

Ganz so einfach ist es leider auch für die sicherheitsbewussten unter Ihnen nicht, denn in einigen Fällen müssen Sie ohne Wenn und Aber getrennt schreiben, und zwar bei:

- Verben mit Vorsilben,
- Adjektiven in Paarformeln,
- erweiterten, abgeleiteten oder zusammengesetzten Adjektiven,
- bei zusammengesetzten oder abgeleiteten Verben.

Um die Zusammenschreibung kommen Sie dagegen nicht herum, wenn ein nicht erweitertes Adjektiv oder Verb mit den Silben fest-, voll- oder tot- verbunden wird. Sobald ein Teil jedoch erweitert wird, gilt wieder Getrenntschreibung.

Beispiele:

Da hat er seinen besten Freund aber schön **bloßgestellt**.
Beruflich will er im nächsten Jahr **kürzertreten**.
Bei seinem Referat hat er ja mal wieder ganz schön **dick aufgetragen**.
Bei dem Zwischenfall im Turnverein ist wirklich alles **kreuz und quer gegangen**.
Wie unschön, dass in der Tanzstunde immer ein paar Frauen **übrigbleiben/übrig bleiben**, weil so oft Männermangel herrscht.
Ich werde die Bettwäsche meiner Großmutter einfach **blau färben/blaufärben**.
Sandra will die neue Tischdecke unbedingt **hellblau färben**.
Du musst das Gemüse für den Eintopf **klein schneiden/kleinschneiden**.
Meine Mutter will, dass ich die Zucchini **ganz klein schneide**.
Bevor sie in den Urlaub fuhren, wollte er das Auto **volltanken**.

Während sie im Einwohnermeldeamt saß, versuchte sie die Zeit **totzuschlagen**.
Kannst du das Auto beim nächsten Mal bitte **ganz voll tanken**?

Adverbien und Verben

Bei den Verbindungen aus Adverb und Verb muss man ziemlich genau hinsehen und mehrere Punkte beachten, bevor man getrennt oder zusammenschreibt. Häufig hängt es von der Bedeutung der Gesamtverbindung ab, wie unter »Die Bedeutung macht den (kleinen) Unterschied« gezeigt wird. Davon unabhängig gelten die folgenden Regeln:
Getrennt schreibt man:

- wenn das Verb den Hauptakzent trägt;
- Verbindungen wie infrage stellen, instand setzen, zugrunde gehen, zugrunde liegen, zuleide tun, zurande kommen, zuschanden machen, zuschulden kommen lassen, zustande bringen, zutage fördern, zuwege bringen; die sie übrigens alle auch als Wortgruppe schreiben können, also: in Frage stellen, in Stand setzen, zu Grunde gehen etc.;
- wenn eine gebeugte Form am Satzanfang steht.

Zusammen schreibt man Verbindungen:

- mit Adverbien wie abwärts, auseinander, dazu, heraus, hinüber, voran, weiter, wieder oder zusammen.

Beispiele:
Sie sind gestern im Guten **auseinandergegangen**.
Die beiden Fehler sind eindeutig **auseinander hervorgegangen**.
Er konnte den Wortlaut des Gesprächs nicht mehr genau **wiedergeben**.
Ich werde **wieder anrufen**, wenn die Kollegin aus der Pause zurück ist.
Zum Schluss der Tour ist es ständig **abwärtsgegangen**.
Der Elefant würde keiner Fliege etwas **zuleide tun/zu Leide tun**.

Adjektive und Partizipien sowie Adjektive und Adjektive

Bei diesen Verbindungen wird in aller Regel dann auseinandergeschrieben, wenn:

- der erste Teil der Verbindung gesteigert oder erweitert ist;
- der erste Teil der Verbindung ein Partizip und der zweite ein Adjektiv ist;
- der erste Teil der Verbindung ein abgeleitetes Adjektiv ist;
- der zweite Teil der Verbindung ein Partizip ist und das zugrunde liegende Verb getrennt geschrieben wird.

Ausnahmen:

Bei Verbindungen, deren erster Teil gesteigert oder erweitert ist, darf zusammengeschrieben werden, wenn diese als Attribut gebraucht und damit als eine Einheit betrachtet werden. Außerdem ist zu beachten, dass in Verbindungen, in denen keine Ableitungen auftauchen, etwa gelbrot, weiterhin zusammengeschrieben wird.

Beispiele:

Silke ist heute deutlich **schlechter gelaunt** als letzte Woche.
Die Beispiele des Kursleiters waren **extrem schwer verständlich**.
Die Bilder, die Holger mit seiner neuen Kamera gemacht hatte, waren **gestochen scharf**.
Der Kaffe war wieder mal **siedend heiß**, offenbar war die Maschine kaputt.
Nach der professionellen Zahnreinigung waren ihre Zähne **blendend weiß.**
Die Wolkendecke an jenem Novembertag war **schmutzig grau**.
Heute Morgen im Büro war es **eisig kalt**.
Renate hat sich die Haare wieder **blond gefärbt**.
Ist der Kuchen wirklich **selbst gebacken/selbstgebacken**?
Der Küchenboden ist **blank poliert/blankpoliert**.

Die Bedeutung macht den (kleinen) Unterschied

Bei all den vorangehend geschilderten Regeln und Beispielen ist nicht immer berücksichtigt, dass es eine ganze Reihe von Wörtern gibt, bei denen zwar nicht der Ton, jedoch die Betonung die Musik macht. Will heißen, die je nach Bedeutungsunterschied zusammen- oder getrennt geschrieben werden. Hier eine Liste der vielen Wörter, die ihre Bedeutung ändern, je nachdem, ob man sie getrennt oder zusammenschreibt:

a) bleiben lassen – den Aufenthalt erlauben
Er möchte den Besuch gern noch ein wenig **bleiben lassen**.
b) bleibenlassen – unterlassen
Das hätte der Junge lieber **bleibenlassen**.

a) bloß liegen – unverputzt sein
Angeblich sollen die Leitungen in der Wohnung alle **bloß liegen**.
b) bloßliegen – ungeschützt sein
Seine Nerven sollen **bloßliegen**.

a) breit treten – auslatschen
Warum muss er seine Schuhe immer **breit treten**?
b) breittreten – ausführlich darlegen
Dieses Thema haben die Zeitungen genügend **breitgetreten**.

a) breit schlagen – in die Breite schlagen
Er wollte den Nagel zuerst **breit schlagen**.
b) breitschlagen – überreden
Schließlich hat der Vater sich **breitschlagen** lassen.

a) da bleiben – wegbleiben
Er soll **da bleiben**, wo der Pfeffer wächst.

b) dableiben – nicht weggehen
Wenn es nach den Eltern ginge, sollten die Kinder länger **dableiben**.

a) daneben gehen – neben jemandem gehen
Der Hund hat gelernt, folgsam **daneben zu gehen**.
b) danebengehen – misslingen
Bei dem starken Wind hätte der Flug **danebengehen** können.

a) daran halten – an eine Vorschrift
Dies ist eine Verordnung und **daran halten** wir uns.
b) daranhalten – beeilen
Du musst dich **daranhalten**, wenn du den Zug erreichen möchtest.

a) davon kommen – verursacht werden durch
Marianne hat Erdbeeren gegessen. Die Flecken auf ihrem Kleid sind sicherlich **davon gekommen**.
b) davonkommen – Glück haben
Die leichtsinnigen Kinder sind noch einmal **davongekommen**.

a) dicht machen – abdichten
Dieses Fass müssen wir **dicht machen**.
b) dichtmachen – schließen
Das Geschäft mussten sie leider **dichtmachen**.

a) fertig machen – abschließend bearbeiten
Die Arbeit müssen sie heute **fertig machen**.
b) fertigmachen – zermürben, besiegen
Der Boxer wollte ihn einfach **fertigmachen**.

a) fest nehmen – mit Kraft
Zum Abschied haben wir ihn **fest genommen** und gedrückt.

b) festnehmen – verhaften
Der Polizei gelingt es, den Täter **festzunehmen.**

a) frei machen – Urlaub nehmen
Der Angestellte möchte gerne ein paar Tage **frei machen.**
b) freimachen – frankieren
Der Postbeamte wird die Briefe **freimachen.**

a) frei sprechen – ohne abzulesen
Das Referat ist die beste Übung, um **frei sprechen** zu lernen.
b) freisprechen – von einer Schuld
Der Richter hat den Angeklagten **freigesprochen.**

a) gegenüber sehen – auf der anderen Seite sehen
Der Hund, den Sie **gegenüber sehen**, ist Nachbars Lumpi.
b) gegenübersehen – konfrontiert sein mit
Wir werden uns einer großen Konkurrenz **gegenübersehen.**

a) gehen lassen – den Weggang erlauben
Eltern sollen die Kinder **gehen lassen.**
b) gehenlassen – in Ruhe lassen, sich nicht beherrschen
Der Bruder soll seine Schwester endlich **gehenlassen.**
Er liebt es, sich **gehenzulassen.**

a) gerade biegen – mit Kraft gerade machen
Er versucht, den Stock **gerade zu biegen.**
b) geradebiegen – einrenken
Er tut alles um die Sache wieder **geradezubiegen.**

a) gerade stehen – aufrecht dastehen
Die Kinder lernen früh, **gerade zu stehen.**
b) geradestehen – die Folgen auf sich nehmen
Für geschehenes Unrecht muss man **geradestehen.**

a) groß schreiben – in großer Schrift
Der Lehrer hat die Vokabeln an der Tafel **groß geschrieben**.
b) großschreiben – mit großen Anfangsbuchstaben/wichtig nehmen
Eigennamen werden immer **großgeschrieben**.
Gesundheit wird heutzutage **großgeschrieben**.

a) gut gehen – gut bewegen
In diesen Schuhen kann man **gut gehen**.
b) gutgehen – geschäftlich erfolgreich sein, sich gut fühlen
Sein Geschäft soll **gutgehen**.
Im Garten lassen sie es sich **gutgehen**.

a) gut schreiben – leserlich
Jeder kann **gut schreiben**, wenn er sich nur bemüht.
b) gutschreiben – anrechnen
Der Verkäufer bot an, den Betrag **gutzuschreiben**.

a) hängen lassen – an einem Ort lassen
Die Wäsche kannst du ruhig noch **hängen lassen**.
b) hängenlassen – vergessen, im Stich lassen
Er darf uns nicht schon wieder **hängenlassen**.

a) heimlich tun – im Verborgenen
Alles Verbotene wird gerne **heimlich getan**.
b) heimlichtun – sich geheimnisvoll verhalten
Er hat auf die Frage so **heimlichgetan**.

a) klein schreiben – in kleiner Schrift
Weil er **klein schreibt**, ist sein Brief unleserlich.
b) kleinschreiben – mit kleinen Anfangsbuchstaben/wenig Bedeutung beimessen
Zurzeit müssen wir »zurzeit« **kleinschreiben**.
Urlaub wird bei den meisten Selbstständigen **kleingeschrieben**.

a) krank machen – erkranken lassen
Die schlechte Luft muss uns **krank machen**.

b) krankmachen – vorgeben, krank zu sein
Immer weniger Leute trauen sich, **krankzumachen**.

a) krumm machen – abbiegen
Er versucht vergeblich, das Knie **krumm zu machen**.

b) krummmachen – nichts tun
Er hat vor, im Urlaub keinen Finger **krummzumachen**.

a) lang ziehen – ziehende Bewegung machen
An der Glocke kann man **lang ziehen**, ohne dass sich etwas tut.

b) langziehen – jemanden tadeln
Man sollte ihm die Hammelbeine **langziehen**.

a) laufen lassen – loslassen
Er hat den Hund die ganze Zeit **laufen lassen**!

b) laufenlassen – nicht eingreifen
Er hat den Dieb einfach **laufengelassen**.

a) liegen lassen – am Ort lassen
Er soll den Ast im Wald **liegen lassen**.

b) liegenlassen – vergessen
Wir haben unseren Ausweis **liegengelassen**.

a) locker lassen – lockern
Der Reiter sollte die Zügel **locker lassen**.

b) lockerlassen – nachgeben, insistieren
Kannst du nicht ein wenig **lockerlassen**?
Er wollte auf keinen Fall **lockerlassen**.

a) locker machen – lockern
Die Handwerker müssen die Schraube **locker machen**.

b) lockermachen – freigiebig sein
Er sollte mal etwas Geld für uns **lockermachen.**

a) rein waschen – sauber waschen
Die Wäscherinnen haben den Auftrag, die Wäsche **rein zu waschen.**
b) sich reinwaschen – seine Unschuld beweisen
Der Angeklagte wollte sich von seiner Schuld **reinwaschen.**

a) richtig machen – korrekt machen
Er wollte immer alles **richtig machen.**
b) richtigmachen – begleichen
Diese Rechnung muss er **richtigmachen.**

a) satt bekommen – sättigen
Wir haben die Kinder immer **satt bekommen.**
b) sattbekommen – überdrüssig werden, nicht mehr mögen
Er hatte das Reisen **sattbekommen.**

a) sausen lassen – drehen lassen
Er hat die Kreisel **sausen lassen.**
b) sausenlassen – aufgeben
Der Schüler hat die Mathestunde **sausenlassen.**

a) schießen lassen – erlauben zu schießen
Man hat die Soldaten **schießen lassen.**
b) schießenlassen – aufgeben
Man beschloss, das Projekt **schießenzulassen.**

a) schleifen lassen – schleifend bearbeiten
Diese Messer müssen wir **schleifen lassen.**
b) schleifenlassen – sich nicht darum kümmern
In der letzten Zeit hat er alles **schleifenlassen.**

a) schmoren lassen – bratend ziehen lassen
Den Braten sollte man gut **schmoren lassen.**

b) schmorenlassen – im Ungewissen lassen
Der Bräutigam hat seine Auserwählte ganz schön **schmorenlassen.**

a) schnell machen – Fahrzeug mit viel PS versehen
Das neue Modell haben sie ganz schön **schnell gemacht.**

b) schnellmachen – auf die schnelle Tour
Die Zeit wurde knapp, da mussten wir **schnellmachen.**

a) schön machen – sich hübsch machen
Für die Feier wollten sich alle **schön machen.**

b) schönmachen – Männchen machen
Die Murmeltiere können herzallerliebst **schönmachen.**

a) schwarz malen – schwarz anmalen
Die Kinder möchten lieber bunt, nicht **schwarz malen.**

b) schwarzmalen – pessimistisch sein
Wenn er bloß nicht immer alles so **schwarzmalen** würde.

a) schwarz werden – als Farbe schwarz benutzen
Diese Wand wird doch wohl nicht **schwarz werden**!

b) schwarzwerden – sehr lange warten
Sie können warten, bis sie **schwarzwerden.**

a) setzen lassen – hinsitzen lassen
Die Lehrer sollten die Kinder sich **setzen lassen.**

b) setzenlassen – behutsam verarbeiten
Den Lehrstoff müsste man erst einmal **setzenlassen.**

a) sicher gehen – mit festem Schritt
Auf dem Klettersteig ist es wichtig, **sicher zu gehen.**

b) sichergehen – Gewissheit haben
Jede Mutter will **sichergehen,** dass ihr Kind gut heimkommt.

a) sicher stellen – hinstellen
Das wertvolle Porzellan muss er **sicher stellen.**

b) sicherstellen – beschlagnahmen
Der Zoll wird die veruntreute Ware **sicherstellen.**

a) sitzen bleiben – nicht aufstehen
Beim Eintreten des Dozenten sind die Studenten **sitzen geblieben**.

b) sitzenbleiben – nicht verkaufen, in der Schule eine Klasse mehrfach besuchen
Auf diesem Posten Schuhe ist der Laden leider **sitzengeblieben**.
Er ist in der Schule wiederholt **sitzengeblieben**.

a) sitzen lassen – hinsetzen lassen
Man kann uns doch auf diesen Stühlen nicht **sitzen lassen**.

b) sitzenlassen – vergessen, im Stich lassen
Er hat seine Frau **sitzengelassen**.

a) spielen lassen – erlauben zu spielen
Man muss die Kinder doch **spielen lassen**.

b) spielenlassen – mit etwas protzen
Die Bodybuilder können ihre Muskeln **spielenlassen**.

a) sprechen lassen – erlauben zu sprechen
Man muss alle **sprechen lassen**.

b) sprechenlassen – sich diverser Mittel bedienen
Sie glauben, die Waffen **sprechenlassen** zu müssen.
Wenn sie die Blumen **sprechenlassen**, ist Frieden.

a) springen lassen – veranlassen/erlauben zu springen
Die Kinder sollte man Seil **springen lassen**.

b) springenlassen – großzügig sein
Der Chef wollte zur Feier des Tages etwas **springenlassen**.

a) steigen lassen – in die Höhe gehen lassen
Der Junge wollte seinen Drachen **steigen lassen.**

b) steigenlassen – ausgiebig feiern
Die Jugendlichen wollen eine Party **steigenlassen**.

a) still sitzen – ruhig sitzen bleiben
Die Erstklässler haben Schwierigkeiten, **still sitzen** zu bleiben.

b) stillsitzen – konzentriert sein
Die Schüler müssen lernen, **stillzusitzen**.

a) stramm ziehen – heftig ziehen
An diesem Seil muss man **stramm ziehen.**

b) strammziehen – jemandem die Leviten lesen
Der Vater musste seinem Sohn den Hosenboden **strammziehen.**

a) ein Teil nehmen – Anteil beanspruchen
Jeder hat sich vom Kuchen seinen **Teil genommen**.

b) teilnehmen – anwesend sein
Sie hat an dem Seminar **teilgenommen**.

a) treiben lassen – mit der Bewegung gehen
Wir haben uns im Wind **treiben lassen**.

b) treibenlassen – sich ziellos verhalten
Wir sollten uns nicht einfach so **treibenlassen**, sondern unser Schicksal in die Hand nehmen.

a) warm werden – die Temperaturen werden steigen
Morgen soll es richtig **warm werden**.

b) warmwerden – vertraut werden
Die neuen Familienmitglieder müssen erst noch miteinander **warmwerden**.

a) wohl behütet – natürlich einen Hut tragend
Beim Ascot-Rennen sind die Damen **wohl behütet**.

b) wohlbehütet – gut verwahrt
Seine baldige Hochzeit ist ein **wohlbehütetes** Geheimnis.

a) zusammen fahren – gemeinsam
Da die S-Bahn streikt, sind wir im Auto **zusammen gefahren**.

b) zusammenfahren – erschrecken
Beim Schrillen des Weckers ist es normal, **zusammenzufahren**.

a) zusammen ziehen – gemeinsam etwas hinter sich herziehen
Lasst uns die Last **zusammen ziehen**!

b) zusammenziehen – in eine Wohnung
Die jungen Leute heute wollen immer gleich **zusammenziehen**.

a) zusammen schreiben – gemeinsam
Die Geschwister haben ihrer Oma **zusammen geschrieben**.

b) zusammenschreiben – in einem Wort
Heute darf man viele Wörter **zusammenschreiben**.

ss und ß

Ach, wäre das schön, wenn wir alle in der Schweiz wohnten! Dann gäbe es nämlich kein ß mehr und alle könnten bei der Angabe ihrer Adresse einfach Strasse schreiben und ihre E-Mails und Briefe mit freundlichen, herzlichen, besten, sonnigen, verregneten, lieben oder sonstigen Grüssen beenden. Doch lassen die Schweizer kaum einen rein in ihr schönes, aufgeräumtes, reiches kleines Land, außer vielleicht Michael Schumacher und seine Millionen.

Wir dagegen müssen leider draußen (und nicht etwa draussen!) bleiben und uns daher auch mit dem lästigen ß befassen. Denn selbst wenn es die meisten noch nicht bemerkt haben: Das ß wurde keinesfalls bei der Rechtschreibreform abgeschafft und grundsätzlich durch ss ersetzt. Nein, es ist vielmehr unkaputtbar oder unverwüstlich und macht dem einen oder anderen nach wie vor das Leben schwer.

Dabei ist das Ganze nur halb so schlimm. Denn die Regeln sind in diesem Punkt relativ durchschaubar und leicht zu merken – was wollen wir mehr? Etwa Maoam? Nein, dann doch lieber die drei zu beachtenden Details:

a) Auf einen kurzen (betonten) Vokal oder Umlaut folgt ss, der Wechsel zwischen ß und ss entfällt damit (also muss – müssen statt muß – müssen).
b) Auf einen langen (unbetonten) Vokal oder Umlaut folgt ß.
c) Auf einen Doppellaut folgt grundsätzlich ß.

Das klingt ja alles erst mal ganz einleuchtend. Ist es auch. Gemein sind nur Wörter wie fließen, wissen oder messen, die je nach Form sowohl mit ss als auch mit ß geschrieben werden können. Es heißt zwar Fluss, aber fließen, es heißt zwar Maß, aber messen, es heißt zwar Wissen, aber ich weiß. Doch letztlich greift auch hier die Regel: kurzer Vokal – ss, langer Vokal – ß. Probieren Sie es aus: Es klappt.

Nur der Vollständigkeit halber sei hier noch erwähnt, dass man Wörter wie Gras, Meise oder Insel nur deshalb mit einfachem s und nicht mit ß schreibt, weil dieses stimmhaft (und nicht wie bei ss oder ß) stimmlos ist. Wenn Sie jedoch nicht jedes Mal, wenn Sie die Probe aufs Exempel machen müssen, lispelnd und zischend durch die Gegend laufen wollen, können Sie sich auch einfach Folgendes merken:

- Nach l, m, n und r steht s, auch wenn davor noch ein Vokal folgt, also: Diskurs, Felsformation.
- Am Wortanfang vor einem Vokal steht immer s, also: siebzehn, Seife.
- Zwischen zwei Vokalen im Wortinnern steht in den meisten Fällen s, also: Wesen, Häuser.

Spätestens wenn Sie den Satz »Wer das Mus mit Muße isst, muss ein Genießer sein« fehlerfrei aufschreiben können, sind Sie nicht nur ein Genießer, sondern auch ein echter Rechtschreibexperte – zumindest was die Schreibung von ss und ß angeht.
Ach ja, Ausnahmen gibt es hierbei selbstverständlich auch. Wäre sonst ja ein Wunder gewesen. Zum einen schreibt man Eigennamen nach wie vor in ihrer historisch bedingten Schreibweise, also die von Herrn Litfaß erfundene Litfaßsäule wird nicht zur Litfasssäule. Außerdem tanzen noch Wörter wie Bus, bis, was, las und lies aus der Reihe. Aber wer will den fünfen das schon übel nehmen?

Beispiele:

Anhand der folgenden Beispiele können Sie gut erkennen, wie die Schreibweise je nach langem oder kurzem Vokal variiert.

Der Sportler war ein **Ass** in seiner Disziplin.	Das Kind **aß** am liebsten Bananen.
Die steile **Gasse** führt direkt zur Burg.	Die **Straße** lag still und ruhig vor uns.

Der **Hass** in seinen Augen sprach Bände.	Der Affe **fraß** dem Wärter aus der Hand.
Die alte Frau mit der Hakennase und den Warzen war ziemlich **hässlich**.	Das **Gefäß** sollte möglichst rund sein.
Trotz der **Nässe** seines Trenchcoats lief er unverdrossen durch den Regen.	Er ging **regelmäßig** mit seinem Hund am Fluss spazieren.
Mit **Lässigkeit** führte er seinen neuen Anzug vor.	**Gemäß** der Verordnung ist ein Bußgeld fällig.
Im **Pressegrosso** wird mit harten Bandagen gekämpft.	Er war ein sehr **großzügiger** Mensch.
Er **schoss** mit dem Gewehr in die Luft.	Das Kind sitzt bei seinem Vater auf dem **Schoß**.
Sie hat die Massage sehr **genossen**.	Was ist den **bloß** mit ihm los? Er ist so komisch.
Die **Rösser** waren mit Blumen geschmückt.	Der Dreijährige war inzwischen deutlich **größer** als seine Schwester.
Die **Schlösser** mussten alle ausgetauscht werden.	Er wollte sich keine **Blöße** geben.
Von den **Königsschlössern** gefällt mir Neuschwanstein am besten.	Sie musste ihm die Medizin mit dem Löffel **einflößen**.
Das Kunstwerk war aus einem **Guss** gefertigt.	**Ruß** drang durch sämtliche Ritzen.
Der Schüler **muss** seine Hausaufgaben machen.	Die **Grußformel** ist ein wesentlicher Bestandteil des Briefes.

Der **Schuss** ging nach hinten los.	Er war heute Morgen eindeutig mit dem falschen **Fuß** aufgestanden.
Die Familienmitglieder sind eine Weile damit beschäftigt, sich **abzuküssen.**	Die **Süße** der Erdbeeren begeisterte die naschenden Kinder.
*Drei **Nüsse** für Aschenbrödel* war ihr absoluter Lieblingsfilm.	Die **Füße** des Mannes steckten in bequemen Sportschuhen.
Flüssiges Brot ist in Bayern sehr beliebt.	Der Hausherr **begrüßte** seine Gäste herzlich.
Der **Biss** des Löwen war nicht scherzhaft, dafür aber schmerzhaft.	Der Wein war **ungenießbar**, dabei war er so teuer.
Iss alles auf, sagte die Mutter zum Kind.	Die **Gießkanne** steht wie immer gleich hinter der Balkontür.
Zeugnisse der Geschichte gibt es zur Genüge.	Wenn zwei sich streiten, ist der Dritte oft der **Nießnutzer**.

Bei Doppellauten gilt dagegen generell: ß statt ss.
Weil er ein schlechtes Gewissen hatte, brachte er seiner Mutter einen **Strauß** Blumen mit.
Der **Außenminister** kam als Letzter, und alle warteten schon ungeduldig auf ihn.
Hunde müssen leider **draußen** warten.
Als der Staffelläufer als Erster über die Zielgerade rennt, **reißt** er die Arme hoch und jubelt.
»Der **beißt** nicht«, sagen alle Hundebesitzer.
Frische Fische sind **heiß** begehrt.
Die **preußischen** Tugenden sind wohlbekannt.

Die neue Tapete mit dem grellen Muster ist wirklich **scheußlich**.
»**Äußere** dich nicht in diesem Ton«, sagte der Vater zu seinem Sohn.
Wenn die Parteien sich nicht einigen können, ist **äußerstenfalls** eine Schadensersatzzahlung fällig.
Eine **äußerst** interessante Geschichte, diese neue deutsche Rechtschreibung.

Punkt, Punkt, Komma, Bindestrich

Wer kein Mondgesicht zeichnen, sondern den vertrackten Bindestrich korrekt einsetzen will, braucht dazu schon etwas mehr als nur einen Bleistift und ein Blatt Papier. Zwar haben die Rechtschreibexperten auch bei diesem kleinen Satzzeichen einiges geändert, aber ob die Anwendung des Bindestrichs dadurch leichter geworden ist, steht auf einem anderen Blatt. Denn auch hier gilt nun, ähnlich wie bei der Silbentrennung: (Fast) alles ist möglich.
Bevor Sie sich aber nun zum absoluten Bindestrichfetischisten entwickeln und vor lauter Freude über die unzähligen Einsatzmöglichkeiten wieder den Salzstreuer aus dem Schrank holen, halten Sie bitte inne. Zwar ist der kurze Strich sehr flexibel und zudem hervorragend geeignet, die Lesbarkeit von Endloswörtern wie Laut-Buchstaben-Zuordnung zu erleichtern, doch sollten Sie bei zusammengesetzten Wörtern wie Haus-Tür oder Kinder-Garten besser darauf verzichten. Also: Erst nachdenken, dann Bindestrich einsetzen. Ihre Mit-Menschen werden es Ihnen danken.

Zusammensetzungen mit Wortteilen und Ziffern

Der Bindestrich kann bei Zusammensetzungen, egal ob mit Ziffern oder Wortteilen, ganz tolle Sachen. Meist dient sein Einsatz tatsächlich der besseren Lesbarkeit oder beugt Missverständnissen vor. Etwa:

- bei Zusammensetzungen mit Abkürzungen und Formeln, also: VIP-Bereich, Handball-EM, Kfz-Mechaniker, CO_2-haltig;
- bei Zusammensetzungen mit Ziffern und einzelnen Buchstaben, also: i-Punkt, 4-Zeiler, 3-stündig, 1-mal, 17-Tonner, T-Träger, 2 : 0-Sieg;
- bei der Gliederung unübersichtlicher zusammengesetzter Wörter, also: Lotto-Annahmestelle, Auto-Unfallversicherung;

- beim Zusammentreffen dreier gleicher Buchstaben, also: Kunststoff-Flasche, Bett-Tuch;
- um einzelne Wortbestandteile hervorzuheben, also: Ich-Sucht, weil-Satz, Hoch-Zeit.

Bei den ersten beiden Punkten muss immer ein Bindestrich stehen, bei den letzten dreien ist es Ihnen freigestellt, ob Sie ihn einsetzen.

Ausnahmen:

- Sobald eine Ziffer mit einer Nachsilbe verbunden ist, fällt der Bindestrich weg, also: 1000stel, 100%ig, 68er.
  Aber aufgepasst: Sobald Ziffer und Nachsilbe mit einem weiteren Wort verbunden werden, muss der Bindestrich im Anschluss an die Nachsilbe stehen, also: 62er-Bildröhre, 5er-Schraubenschlüssel, 10er-Gruppe.
- Zusammensetzungen mit der Nachsilbe -fach können mit oder ohne Bindestrich geschrieben werden, also: 7-fach oder 7fach.
- Zusammensetzungen mit Jahr dürfen ebenfalls mit oder ohne Bindestrich geschrieben werden, also: die 90er Jahre oder die 90er-Jahre.
- Bei Ableitungen von mehrteiligen Eigennamen steht immer ein Bindestrich, also: sankt-gallisch von Sankt Gallen.

Die Ausnahme von den Ausnahmen:

- Bei Ableitungen auf -er darf der Bindestrich auch weggelassen werden, also: New-Yorker oder New Yorker, Bad-Homburger oder Bad Homburger.
- Ableitungen, bei denen im zweiten Bestandteil ein Eigenname vorkommt, werden mit Bindestrich geschrieben, also: Alt-Müncher Einwohner, alt-münchnerische Einrichtungen.

Wortkoppelungen

Aus mehreren Teilen zusammengesetzte Wörter können mit Bindestrichen gegliedert werden, um die Lesbarkeit zu verbessern. Sollten Sie sich für eine solche Gliederung entscheiden, dann vergessen Sie im Eifer des Gefechts bitte nicht, dass der Bindestrich zwischen allen Bestandteilen der Wortkoppelung stehen muss. Das gilt für mehrteilige

- Zusammensetzungen aus aneinandergereihten Substantiven, also: Herz-Kreislauf-Maschine, Nord-Süd-Gefälle;
- Eigennamen, also: Richard-Wagner-Straße, Rhein-Main-Flughafen;
- Zusammensetzungen mit substantivierten Infinitiven, also: zum Aus-der-Haut-Fahren, das Um-die-Ecke-Bringen;
- Zusammensetzungen mit Einzelbuchstaben, Ziffern oder Abkürzungen, also: 10-Cent-Münze, A-Dur-Tonleiter, km-Stand-Anzeige;
- Zusammensetzungen, die ohne Bindestrich missverständlich sein könnten, also: Druck-Erzeugnis statt Druckerzeugnis, damit nicht aus Versehen Drucker-Zeugnis verstanden wird.

Ausnahme:

Besteht eine mehrteilige Verbindung aus einer Ziffer, einem Zeichen und einem Wort, so darf der Bindestrich nur zwischen das Zeichen und das Wort, nicht aber zwischen Ziffer und Zeichen gesetzt werden, also:
5%-Klausel, 30°-Marke.

Die Verbindung mit fremdsprachlichen Wörtern

Was für deutsche Wörter recht ist, kann für fremdsprachliche Entlehnungen nur billig sein, lautet die Devise. Demnach dürfen nun auch fremdsprachliche Zusammensetzungen mit Bindestrich geschrieben werden, damit sie übersichtlicher erscheinen, also

Desktop-Publishing oder *Desktoppublishing, Count-down* oder *Countdown, Science-Fiction* oder *Sciencefiction.*
Verbindungen zwischen deutschen und englischen Wörtern können, müssen aber nicht mit Bindestrich geschrieben werden, also *Online-Auftritt* oder *Onlineauftritt.*
Wird der erste Bestandteil dieser Zusammensetzung im Deutschen jedoch nicht selbstständig gebraucht, so darf kein Bindestrich stehen, also *afroamerikanische* Einwanderer.
Substantivierungen aus dem Englischen, die aus einem Verb und einem Adverb bestehen, werden in der Regel mit Bindestrich geschrieben. Sie dürfen allerdings auch zusammengeschrieben werden, also *Kick-off* oder *Kickoff.*
Bei Zusammensetzungen aus Adjektiven und Substantiven gilt jedoch: kein Bindestrich. Hier ist entweder Getrennt- oder Zusammenschreibung möglich, also *Hot Spot* oder *Hotspot.*

Beispiele:

Der **Lkw-Hänger** war schon wieder kaputt, die Bremslichter funktionierten nicht.
Der Nachtisch ist das **i-Tüpfelchen** bei dem festlichen Abendessen.
In ihrer Wut schrieb sie ihm einen **7-seitigen** Brief, in dem sie alle Punkte noch einmal zusammenfasste.
Kurz nachdem er seinen Lehrvertrag unterschrieben hatte, trat er der **Schlosser-Berufsgenossenschaft** bei.
Der neue Anwärter auf den Posten des Bundespräsidenten kommt aus **Nordrhein-Westfalen**.
Sie hatte bei ihrer Heirat einen Doppelnamen angenommen und hieß jetzt **Mayer-Niemann**.
Die neue **Metall-Legierung** ist extrem widerstandsfähig und langlebig.
Seit der neue Chef regelmäßig Besprechungen einberuft, herrscht ein völlig neues **Wir-Gefühl** in unserer Abteilung.
Keine Frage, da bin ich mir **1000%ig** sicher.

Die **45er-Generation** hat schwere Zeiten durchgemacht.

Die Steuereinnahmen in kleineren Gemeinden sind um das **3fache/3-fache** gestiegen.

Die Musik aus den **80er Jahren/80er-Jahren** ist derzeit wieder voll im Trend.

Der **sankt-gallische** Käse ist für seinen milden Geschmack berühmt.

Der **Bad-Kreuznacher/Bad Kreuznacher** als solcher ist ein Sturkopf.

Die **alt-hamburgerischen** Straßenzüge sind wirklich wunderschön und bestimmen das Stadtbild.

Das **Preis-Leistungs-Verhältnis** stimmt bei diesem Anbieter nicht, die Qualität ist wirklich miserabel.

Der **Heinrich-Böll-Preis** wird alljährlich in festlichem Rahmen verliehen.

Das ist doch nun wirklich zum **Auf-die-Barrikaden-Gehen**. Wer will sich diese Maßnahmen denn gefallen lassen?

Die **1-Cent-Briefmarken**, die einem der Automat bei der Post immer herausgibt, werfe ich meistens weg.

Bei der **Altbau-Erhaltung** müssen die Verordnungen zur Wärmedämmung eingehalten werden.

In diesem Sommer wurde die **30°-Grenze** nur zweimal erreicht, das ist erstaunlich wenig.

Lenas Tante leidet seit einiger Zeit an einer ausgewachsenen **Midlife-Crisis/Midlifecrisis**.

Die **deutsch-russischen/deutschrussischen** Beziehungen haben sich in den letzten Jahren deutlich verändert.

Unlängst kamen zahlreiche **angloamerikanische** Wanderarbeiter nach Deutschland, um an einem Großprojekt zu arbeiten.

Neulich hatte ich einen totalen **Blackout/Black-out**. Ich kann mich an absolut gar nichts erinnern.

Nach der Arbeit gingen sie noch in die Bar, um einen **Longdrink/Long Drink** zu trinken.

Gelungene Integration

Von Integration ist hierzulande in letzter Zeit ja wieder viel die Rede. Allerseits bemüht man sich um gelungene Integration, doch so einfach, wie es auf den ersten Blick aussieht, ist das Ganze nun mal nicht. Der Innenminister sorgt mit seinen Vorschlägen zur Strafverfolgung ausländischer Mitbürger für Furore, im Kopftuchstreit ist vorerst kein Ende abzusehen und auch was die schulischen Leistungen von Migrantenkindern betrifft, herrscht hierzulande Nachholbedarf.

Die deutsche Sprache ist da schon ein ganzes Stück weiter, denn bei der Rechtschreibreform wurden auch zahlreiche Fremdwörter laut Duden »vorsichtig an die deutsche Schreibweise« angeglichen und damit integriert. Will heißen: Neben der ursprünglichen Schreibweise, die selbstverständlich erhalten bleibt, ist nun auch eine eingedeutschte Variante möglich. Für die Silbentrennung gelten übrigens ebenfalls neue Regeln für Fremdwörter.

Neue Schreibweisen sind vor allem zugelassen bei:

- häufig gebrauchten Fremdwörtern,
- Wörtern mit den Wortstämmen graph, phon und phot,
- Wörtern mit den Silben -tial und -tiell,
- vereinzelten Wörtern aus dem Griechischen.

Die Änderung von ph in f gilt jedoch nicht für alle Wörter, sondern in erster Linie für die oben erwähnten Wortstämme phon, phot und graph. Demnach schreibt man weiterhin Philosophie, Metapher, Physik, Sphäre sowie Phänomen. Auch die Regel, dass bei Verbindungen mit rh oder th das h entfällt, gilt nicht immer und überall, wie das schöne Wort Rhythmus beweist, das nach wie vor mit zwei h geschrieben wird. Gleiches gilt beispielsweise für Diskothek, Ethos, Thron, Athlet, Apotheker, Mathematik, Thema, These, Rhetorik und Rhesusfaktor.

Einige andere bisher gebräuchliche Schreibweisen gelten übrigens inzwischen als veraltet und sind daher nicht mehr zulässig, etwa Affaire, Telephon, Portrait, Photo oder photographieren.

Beispiele:

Bei den folgenden Beispielen steht die von der Duden-Redaktion empfohlene Schreibvariante jeweils rechts, die ebenfalls zulässige links.

AUCH ERLAUBT	EMPFOHLEN
Schikoree	Chicoree
Geographie	Geografie
Myrre	Myrrhe
essentiell	essenziell
Delphin	Delfin
Frisör	Friseur
Graphit	Grafit
Jogurt	Joghurt
Schose	Chose
Diktaphon	Diktafon
Majonäse	Mayonnaise
Panter	Panther
Kord	Cord
Grammophon	Grammofon
Kartograph	Kartograf
potentiell	potenziell
polyphon	polyfon

AUCH ERLAUBT	EMPFOHLEN
Kreme	Creme
Phantasie	Fantasie
Paragraph	Paragraf
Polonäse	Polonaise
Circus	Zirkus
zirka	circa
Autobiographie	Autobiografie
ciao	tschau
Katarr	Katarrh
Pornographie	Pornografie
Lymphdränage	Lymphdrainage
Hämorriden	Hämorrhoiden
Kredo	Credo
pretiös	preziös
Dekolletee	Dekolleté
Fonetik	Phonetik
vis-a-vis	vis-à-vis
Nessessär	Necessaire
substantiell	substanziell
Portmonee	Portemonnaie
Club	Klub
Mikrophon	Mikrofon
dementiell	demenziell

AUCH ERLAUBT	EMPFOHLEN
Negligee	Negligé
Yacht	Jacht
Videorecorder	Videorekorder
Kargo	Cargo
Tunfisch	Thunfisch
Stenographie	Stenografie
Papiermaché	Papiermaschee
Crux	Krux
Cellulitis	Zellulitis
Spagetti	Spaghetti
Xylophon	Xylofon
Potential	Potenzial
Ghetto	Getto
Computertomographie	Computertomografie

Eines noch zum Schluss

So mancher mag sich fragen, wozu die neuen Rechtschreibregeln überhaupt gut sein sollen, angesichts der vielen Ungereimtheiten, die auch nach der siebenundzwanzigsten Reform noch immer bestehen.
Die ehrliche Antwort lautet: Das weiß der Himmel.
Doch wer vor lauter Sorge, in seine Zeilen könnten sich zu viele Fehler einschleichen, künftig ganz auf schriftliche Mitteilungen zu verzichten gedenkt, und statt mit Briefen oder E-Mails nur noch per Telefon, Voice over IP, persönlich oder per SMS mitsamt der üblichen Kürzel wie ROFL oder 24U antworten will, dem sei zum Trost gesagt: Das menschliche Gehirn ist in der Lage, auch falsche Schreibweisen zu entziffern, solange der erste und der letzte Buchstabe an der richtigen Stelle stehen, wie der folgende Absatz eindringlich beweist:

Gmäeß eneir Sutide eneir elgnihcesn Uvinisterät ist es nchit witihcg, in wlecehr Rneflogheie die Bstachuebn in eneim Wort snid, das ezniige, was wcthiig ist, ist, dsas der estre und der leztte Bstabchue an der ritihcegn Pstoiion snid.
Der Rset knan ein ttoaelr Bsinöldn sein, tedztorm knan man ihn onhe Pemoblre lseen. Das ist so, weil wir nciht jeedn Bstachuebn enzelin leesn, snderon das Wort als gseatems.

Alles klar? Dann können Sie ja auch in Zukunft beruhigt weiterschreiben.

Die schönsten Eselsbrücken

- Gar nicht wird gar nicht zusammengeschrieben.
- Wer nämlich mit h schreibt, ist dämlich.
- Trenne ruhig das s vom t, denn das tut jetzt nicht mehr weh.
- Ein Vokal allein, darf bei der Trennung mitten im Wort jetzt schon sein.
- Nach l, m, n, r, das merke ja, kommt nie tz und nie ck.
- Nimm diese Regel mit ins Bett – nach ei, au, eu steht nie tz.
- Sei nicht dumm und merk dir bloß: Namenswörter schreibt man groß!
- Den »Tiger« sprich mit langem »i«, jedoch mit »ie« schreib ihn nie!
- Doppel-a, das ist doch klar, sind in Waage, Haar und Paar!
- Gleicher Konsonanten drei, schreibe ruhig in einer Reih.

Raider heißt jetzt Twix, sonst ändert sich nix

Alte und neue Schreibweisen im Überblick:

ALT	NEU
A	
[gestern, heute, morgen] abend	[gestern, heute, morgen] Abend
abhanden kommen	abhandenkommen
absein	ab sein
in acht nehmen	in Acht nehmen
außer acht lassen	außer Acht lassen
achtgeben	*auch:* Acht geben
8jährig	8-jährig
der/die 8jährige	der/die 8-Jährige
8mal	8-mal
über Achtzig	über achtzig
Mitte [der] Achtzig	Mitte [der] achtzig
Adreßbuch	Adressbuch
After-shave	Aftershave
und/oder ähnliches (u. ä./o. ä.)	und/oder Ähnliches (u. Ä./o. Ä.)
alleinerziehend	*auch:* allein erziehend

ALT	NEU
im allgemeinen	im Allgemeinen
allgemeingültig	*auch:* allgemein gültig
allgemeinverständlich	*auch:* allgemein verständlich
allzuoft; allzusehr; allzuviel	allzu oft; allzu sehr; allzu viel
Alptraum	*auch:* Albtraum
für alt und jung	für Alt und Jung
beim alten lassen	beim Alten lassen
andersdenkend	*auch:* anders denkend
andersgeartet	*auch:* anders geartet
angepaßt	angepasst
jmdm. angst [und bange] machen	jmdm. Angst [und Bange] machen
Anlaß	Anlass
im argen liegen	im Argen liegen
bei arm und reich	bei Arm und Reich
Armvoll	*auch:* Arm voll
As	Ass
aufsein	auf sein
auf seiten	aufseiten, *auch:* auf Seiten
aufwendig	*auch:* aufwändig
aussein	*aus sein*
außerstande	*auch:* außer Stande

ALT	NEU
B	
Baß	Bass
Baßsänger	Basssänger, *auch:* Bass-Sänger
behende	behände
beisammensein	beisammen sein
beiseite legen	beiseitelegen
belemmert	belämmert
jeder beliebige	jeder Beliebige
im besonderen	im Besonderen
besser gehen	*auch:* bessergehen
es ist das beste, wenn ...	es ist das Beste, wenn ...
aufs beste geregelt sein	*auch:* aufs Beste geregelt sein
zum besten geben/haben/halten	zum Besten geben/haben/halten
das erste beste	das erste Beste
bestehenbleiben	bestehen bleiben
Bestelliste	Bestellliste, *auch:* Bestell-Liste
Bettuch [zu Bett]	Betttuch, *auch:* Bett-Tuch
bewußt	bewusst
in bezug auf	in Bezug auf
Biographie	*auch:* Biografie
Biß	Biss
bißchen	bisschen
Blackout	*auch:* Black-out

ALT	NEU
blank putzen	*auch:* blankputzen
blankpoliert	*auch:* blank poliert
blaß	blass
blaugestreift	*auch:* blau gestreift
bläulichgrün	bläulich grün
bleibenlassen	*auch:* bleiben lassen
blondgefärbt	*auch:* blond gefärbt
im bösen wie im guten	im Bösen wie im Guten
Boß	Boss
braungebrannt	*auch:* braun gebrannt
des langen und breiten	des Langen und Breiten
breitgefächert	*auch:* breit gefächert
Brennessel	Brennnessel, *auch:* Brenn-Nessel
brustschwimmen	*auch:* Brust schwimmen
brütendheiß	brütend heiß
C	
Centre Court	Centrecourt, *auch:* Centre-Court
Choreographie	*auch:* Choreografie
Corpus delicti	Corpus Delicti
Countdown	*auch:* Count-down
D	
dabeisein	dabei sein
darauffolgend	*auch:* darauf folgend

ALT	NEU
dasein	da sein
daß	dass
datenverarbeitend	*auch:* Daten verarbeitend
Delikateßgurke	Delitkatessgurke
Delphin	*auch:* Delfin
delphinschwimmen	*auch:* Delphin schwimmen oder delfinschwimmen oder Delfin schwimmen
des weiteren	des Weiteren
auf deutsch	auf Deutsch
diät leben	Diät leben
dichtgedrängt	*auch:* dicht gedrängt
Differential	*auch:* Differenzial
jeder dritte	jeder Dritte
drückendheiß	drückend heiß
Du [in Briefen]	*auch:* du
im dunkeln tappen	im Dunkeln tappen
dünnbesiedelt	*auch:* dünn besiedelt
E	
ebensogut	ebenso gut
ebensosehr	ebenso sehr
an Eides Statt	an Eides statt
sein eigen nennen	sein Eigen nennen
einbleuen	einbläuen

ALT	NEU
aufs eindringlichste warnen	*auch:* aufs Eindringlichste warnen
das einfachste ist, wenn ...	das Einfachste ist, wenn ...
Einlaß	Einlass
der/die/das einzelne kann ...	der/die/das Einzelne kann ...
jeder einzelne	jeder Einzelne
der/die/das einzige wäre ...	der/die/das Einzige wäre ...
kein einziger war gekommen	kein Einziger war gekommen
Eisschnellauf	Eisschnelllauf
engbedruckt	*auch:* eng bedruckt
die erdölexportierenden Länder	*auch:* die Erdöl exportierenden Länder
Erlaß	Erlass
ernstgemeint	*auch:* ernst gemeint
ernstzunehmend	*auch:* ernst zu nehmend
der erste, der gekommen ist	der Erste, der gekommen ist
fürs erste	fürs Erste
zum ersten, zum zweiten, zum dritten	zum Ersten, zum Zweiten, zum Dritten
das erstemal	das erste Mal
zum erstenmal	zum ersten Mal
Erstkläßler	Erstklässler
essentiell	*auch:* essenziell
Eßlöffel	Esslöffel

ALT	NEU
essentiell	*auch:* essenziell
Exposé	*auch:* Exposee
F	
fahrenlassen	*auch:* fahren lassen
Fairneß	Fairness
Fair play	Fair Play, *auch:* Fairplay
fallenlassen	*auch:* fallen lassen
Faß	Fass
faßbar	fassbar
du faßt	du fasst
Fast food	Fastfood, *auch:* Fast Food
feingemahlen	*auch:* fein gemahlen
fertigstellen	*auch:* fertig stellen
festangestellt	*auch:* fest angestellt
fettgedruckt	*auch:* fett gedruckt
Fitneß	Fitness
Fluß	Fluss
Flußschiffahrt	Flussschifffahrt, *auch:* Fluss-Schifffahrt
die Haare fönen	die Haare föhnen
folgendes ist zu beachten	Folgendes ist zu beachten
wie im folgenden erläutert	wie im Folgenden erläutert
fritieren	frittieren
Fußballänderspiel	Fußballländerspiel, *auch:* Fußball-Länderspiel

ALT	NEU
G	
im großen und ganzen	im Großen und Ganzen
Gäßchen	Gässchen
gefangenhalten	gefangen halten
gefangennehmen	gefangen nehmen
gefaßt	gefasst
gehaßt	gehasst
geheimhalten	geheim halten
gehenlassen	*auch:* gehen lassen
Gemse	Gämse
genausogut; genausowenig	genauso gut; genauso wenig
Genuß	Genuss
genüßlich	genüsslich
genußsüchtig	genusssüchtig
Geographie	*auch:* Geografie
gepaßt	gepasst
gepreßt	gepresst
geradestellen	*auch:* gerade stellen
es geht ihn nicht das geringste an	es geht ihn nicht das Geringste an
nicht im geringsten stören	nicht im Geringsten stören
geringschätzen	*auch:* gering schätzen
Geschoß	Geschoss [in Österreich mit ß]

ALT	NEU
gestern abend/morgen/ nacht	gestern Abend/Morgen/ Nacht
gestreßt	gestresst
getrenntlebend	*auch:* getrennt lebend
Gewinnummer	Gewinnnummer, *auch:* Gewinn-Nummer
gewiß	gewiss
gewußt	gewusst
glatthobeln	*auch:* glatt hobeln
das gleiche tun	das Gleiche tun
aufs gleiche hinauskommen	aufs Gleiche hinauskommen
gleichlautend	*auch:* gleich lautend
gräßlich	grässlich
Greuel	Gräuel
grobgemahlen	*auch:* grob gemahlen
für groß und klein	für Groß und Klein
im großen und ganzen	im Großen und Ganzen
groß schreiben [mit großem Anfangsbuchstaben]	großschreiben
Guß	Guss
es im guten versuchen	es im Guten versuchen
gutgehen	*auch:* gut gehen
gutgelaunt	*auch:* gut gelaunt
gutgemeint	*auch:* gut gemeint

ALT	NEU
H	
haltmachen	*auch:* Halt machen
Handout	*auch:* Hand-out
hängenbleiben	*auch:* hängen bleiben
hängenlassen	*auch:* hängen lassen
Happy-End	Happyend, *auch:* Happy End
hartgekocht	*auch:* hart gekocht
Haß	Hass
häßlich	hässlich
du haßt	du hasst
nach Hause, zu Hause	*auch:* nachhause, zuhause
haushalten	*auch:* Haus halten
heißgeliebt	*auch:* heiß geliebt
helleuchtend	hellleuchtend, *auch:* hell leuchtend
hellicht	helllicht
heute abend/mittag/nacht	heute Abend/Mittag/Nacht
hiersein	hier sein
High-Society	High Society
hilfesuchend	*auch:* Hilfe suchend
Hot dog	Hotdog, *auch:* Hot Dog
I	
Ihr seid eingeladen [in Briefen]	*auch:* ihr seid eingeladen
im allgemeinen	im Allgemeinen

ALT	NEU
im besonderen	im Besonderen
Imbißstand	Imbissstand, *auch:* Imbiss-Stand
im einzelnen	im Einzelnen
im nachhinein	im Nachhinein
imstande	*auch:* im Stande
im übrigen	im Übrigen
im voraus	im Voraus
im vorhinein	im Vorhinein
in bezug auf	in Bezug auf
in Frage stellen/kommen	*auch:* infrage stellen/kommen
instand halten/setzen	*auch:* in Stand halten/setzen
irgend etwas	irgendetwas
irgend jemand	irgendjemand
J	
ja sagen	*auch:* Ja sagen
2jährig, 3jährig, 4jährig ...	2-jährig, 3-jährig, 4-jährig ...
ein 2jähriger, 3jähriger, 4jähriger	ein 2-Jähriger, 3-Jähriger, 4-Jähriger
jedesmal	jedes Mal
Job-sharing	Jobsharing
Joghurt	*auch:* Jogurt
Joint-venture	Joint Venture
für jung und alt	für Jung und Alt

ALT	NEU
K	
Kaffee-Ersatz	*auch:* Kaffeeersatz
kahlfressen	*auch:* kahl fressen
kaltlächelnd	*auch:* kalt lächelnd
Känguruh	Känguru
Karamel	Karamell
Kaßler	Kassler
Katarrh	*auch:* Katarr
kegelschieben	Kegel schieben
kennenlernen	*auch:* kennen lernen
Kennummer	Kennnummer, *auch:* Kenn-Nummer
keß	kess
Ketchup	*auch:* Ketschup
sich über etwas im klaren sein	sich über etwas im Klaren sein
bis ins kleinste geregelt	bis ins Kleinste geregelt
ein Staat im kleinen	ein Staat im Kleinen
kleingedruckt	*auch:* klein gedruckt
kleinschneiden	*auch:* klein schneiden
klein schreiben [mit kleinem Anfangsbuchstaben]	kleinschreiben
es wäre das klügste, wenn ...	es wäre das Klügste, wenn ...
Know-how	*auch:* Knowhow
kochendheiß	kochend heiß

ALT	NEU
Kommuniqué	*auch:* Kommunikee
Kompaß	Kompass
Kompromiß	Kompromiss
Kontrollampe	Kontrolllampe, *auch:* Kontroll-Lampe
krank schreiben	krankschreiben
kraß	krass
Kreppapier	Krepppapier, *auch:* Krepp-Papier
Kunststoffolie	Kunststofffolie, *auch:* Kunststoff-Folie
den kürzeren ziehen	den Kürzeren ziehen
kurzgebraten	*auch:* kurz gebraten
Kuß; Küßchen	Kuss; Küsschen
du/er/sie küßt	du/er/sie küsst
L	
etwas des langen und breiten erklären	etwas des Langen und Breiten erklären
langgestreckt	*auch:* lang gestreckt
du läßt	du lässt
zu Lasten	*auch:* zulasten
auf dem laufenden sein	auf dem Laufenden sein
laufenlassen	*auch:* laufen lassen
Layout	*auch:* Lay-out
leer essen	*auch:* leeressen

ALT	NEU
leerstehend	*auch:* leer stehend
leichtmachen	*auch:* leicht machen
leichtverderblich	*auch:* leicht verderblich
leichtverständlich	*auch:* leicht verständlich
jmdm. leid tun	jmdm. leidtun
der letzte, der gekommen ist	der Letzte, der gekommen ist
als letzter fertig sein	als Letzter fertig sein
das letzte, was sie tun würde	das Letzte, was sie tun würde
letzteres trifft zu	Letzteres trifft zu
zum letztenmal	zum letzten Mal
liebhaben	*auch:* lieb haben
liegenbleiben	*auch:* liegen bleiben
liegenlassen	*auch:* liegen lassen
M	
2mal, 3mal, 4mal ...	2-mal, 3-mal, 4-mal ...
maschineschreiben	Maschine schreiben
Maßhalten	*auch:* Maß halten
meßbar	messbar
Meßdiener	Messdiener
die metallverarbeitende Industrie	*auch:* die Metall verarbeitende Industrie
Midlife-crisis	Midlifecrisis, *auch:* Midlife-Crisis
millionenmal	Millionen Mal

ALT	NEU
nicht im mindesten	*auch:* nicht im Mindesten
mißachten; Mißbrauch; Mißerfolg; mißtrauisch; Mißverständnis	missachten; Missbrauch; Misserfolg; misstrauisch; Missverständnis
mit Hilfe	*auch:* mithilfe
[gestern, heute, morgen] mittag	[gestern, heute, morgen] Mittag
wir sprachen über alles mögliche	wir sprachen über alles Mögliche
sein möglichstes tun	sein Möglichstes tun
morgen abend, mittag, nacht	morgen Abend, Mittag, Nacht
[gestern, heute] morgen	[gestern, heute] Morgen
ich muß; du mußt	ich muss; du musst
N	
nach Hause	*auch:* nachhause
im nachhinein	im Nachhinein
Nachlaß	Nachlass
der nächste, bitte!	der Nächste, bitte!
als nächstes wollen wir ...	als Nächstes wollen wir ...
[gestern, heute, morgen] nacht	[gestern, heute, morgen] Nacht
naß	nass
es aufs neue versuchen	es aufs Neue versuchen
auf ein neues	auf ein Neues
neueröffnet	*auch:* neu eröffnet

ALT	NEU
nichtssagend	*auch:* nichts sagend
not tun	nottun
auf Null stehen	auf null stehen
Nullösung	Nulllösung, *auch:* Null-Lösung
numerieren	nummerieren
Numerierung	Nummerierung
Nuß; Nüßchen	Nuss; Nüsschen
Nußschockolade	Nussschokolade, *auch:* Nuss-Schokolade
O	
obenerwähnt	*auch:* oben erwähnt
obenstehend	*auch:* oben stehend
des öfteren	des Öfteren
ohne weiteres	*auch:* ohne Weiteres
Orthographie	*auch:* Orthografie
P	
Panther	*auch:* Panter
parallellaufend	*auch:* parallel laufend
parallelschalten	parallel schalten
Paß	Pass
Paßstraße	Passstraße, *auch:* Pass-Straße
es paßt	es passt
Playback	*auch:* Play-back
plazieren	platzieren

ALT	NEU
pleite gehen	pleitegehen
Portemonnaie	*auch:* Portmonee
potentiell	*auch:* potenziell
Preßluftbohrer	Pressluftbohrer
Preßspan	Pressspan, *auch:* Press-Span
du preßt	du presst
probefahren	Probe fahren
Prozeß	Prozess
Q	
Quentchen	Quäntchen
Quickstep	Quickstepp
R	
radfahren	Rad fahren
zu Rande kommen	*auch:* zurande kommen
zu Rate ziehen	*auch:* zurate ziehen
rauh	rau
recht haben/behalten/ bekommen/geben/tun	*auch:* Recht haben/behalten/ bekommen/geben/tun
das ist genau das richtige für mich	das ist genau das Richtige für mich
Riß	Riss
Roheit	Rohheit
Rolladen	Rollladen, *auch:* Roll-Laden
Rommé	*auch:* Rommee

ALT	NEU
rotgestreift	*auch:* rot gestreift
rötlichbraun	rötlich braun
rückenschwimmen	*auch:* Rücken schwimmen
ruhenlassen	*auch:* ruhen lassen
Rußland	Russland
S	
sauberhalten	sauber halten
saubermachen	*auch:* sauber machen
Saxophon	*auch:* Saxofon
sein Schäfchen ins trockene bringen	sein Schäfchen ins Trockene bringen
Schiffahrt	Schifffahrt, *auch:* Schiff-Fahrt
schlechtgehen	*auch:* schlecht gehen
schlechtgelaunt	*auch:* schlecht gelaunt
das schlimmste ist, daß ...	das Schlimmste ist, dass ...
Schloß	Schloss
Schluß	Schluss
Schlußstrich	Schlussstrich, *auch:* Schluss-Strich
schmutziggrau	schmutzig grau
schnellebig	schnelllebig
schneuzen	schnäuzen
er schoß	er schoss
Schrittempo	Schritttempo, *auch:* Schritt-Tempo

ALT	NEU
an etwas schuld haben	an etwas Schuld haben
sich etwas zuschulden kommen lassen	*auch:* sich etwas zu Schulden kommen lassen
Schuß	Schuss
schußlig	schusslig
schwerverständlich	*auch:* schwer verständlich
Schwimmeister	Schwimmmeister, *auch:* Schwimm-Meister
Science-fiction	Sciencefiction, *auch:* Science-Fiction
seinlassen	*auch:* sein lassen
auf seiten	aufseiten, *auch:* auf Seiten
von seiten	vonseiten, *auch:* von Seiten
selbständig	*auch:* selbstständig
selbstgebacken	*auch:* selbst gebacken
selbstgemacht	*auch:* selbst gemacht
seßhaft	sesshaft
Showdown	*auch:* Show-down
Shrimp	*auch:* Schrimp
das sicherste ist, wenn ...	das Sicherste ist, wenn ...
siedendheiß	siedend heiß
sitzenbleiben	*auch:* sitzen bleiben
sitzenlassen	*auch:* sitzen lassen
so daß	sodass, *auch:* so dass
soviel du willst	so viel du willst

ALT	NEU
soviel wie	so viel wie
es ist soweit	es ist so weit
soweit wie möglich	so weit wie möglich
Spaghetti	*auch:* Spagetti
spazierengehen	spazieren gehen
Spliß	Spliss
Sproß, Spößling	Spross; Sprössling
stehenbleiben	*auch:* stehen bleiben
Stengel	Stängel
Steptanz	Stepptanz
etwas im stillen vorbereiten	etwas im Stillen vorbereiten
stillegen	stilllegen
Stoffetzen	Stofffetzen, *auch:* Stoff-Fetzen
Stop	Stopp
strengnehmen	streng nehmen
Streß	Stress
Streßsituation	Stresssituation, *auch:* Stress-Situation
Stukkateur	Stuckateur
substantiell	*auch:* substanziell
T	
tabula rasa machen	Tabula rasa machen
zutage treten	*auch:* zu Tage treten

ALT	NEU
2tägig, 3tägig, 4tägig ...	2-tägig, 3-tägig, 4-tägig ...
Täßchen	Tässchen
Telephon	Telefon
Thunfisch	*auch:* Tunfisch
tiefbewegt	*auch:* tief bewegt
tiefempfunden	*auch:* tief empfunden
Tip	Tipp
Tolpatsch	Tollpatsch
tolpatschig	tollpatschig
totgeboren	*auch:* tot geboren
Trekking	*auch:* Trecking
treuergeben	*auch:* treu ergeben
auf dem trockenen sitzen	auf dem Trockenen sitzen
sein Schäfchen ins trockene bringen	sein Schäfchen ins Trockene bringen
im trüben fischen	im Trüben fischen
U	
übelnehmen	*auch:* übel nehmen
übelriechend	*auch:* übel riechend
überschwenglich	überschwänglich
ein übriges tun	ein Übriges tun
im übrigen	im Übrigen
alles übrige später	alles Übrige später
die übrigen kommen nach	die Übrigen kommen nach

ALT	NEU
umsein	um sein
um so [mehr, größer, weniger ...]	umso [mehr, größer, weniger ...]
und ähnliches (u. ä.)	und Ähnliches (u. Ä.)
unerläßlich	unerlässlich
unermeßlich	unermesslich
im unklaren bleiben/lassen	im Unklaren bleiben/lassen
unpäßlich	unpässlich
unrecht haben/behalten/ bekommen/tun	*auch:* Unrecht haben/behalten/ bekommen/tun
unselbständig	*auch:* unselbstständig
untenerwähnt	*auch:* unten erwähnt
untenstehend	*auch:* unten stehend
unterderhand	unter der Hand
V	
Varieté	*auch:* Varietee
veranlaßt	veranlasst
verbleuen	verbläuen
im verborgenen blühen	im Verborgenen blühen
Verdruß	Verdruss
du verfaßt	du verfasst
vergeßlich	vergesslich
Vergißmeinnicht	Vergissmeinnicht
du vergißt	du vergisst

ALT	NEU
verhaßt	verhasst
Verlaß; verläßlich	Verlass; verlässlich
verloren geben	*auch:* verlorengeben
verlorengehen	*auch:* verloren gehen
vermißt du etwas?	vermisst du etwas?
verpaßt	verpasst
verschiedenes war noch unklar	Verschiedenes war noch unklar
Verschlußsache	Verschlusssache, *auch:* Verschluss-Sache
verselbständigen	*auch:* verselbstständigen
vielbefahren	*auch:* viel befahren
vielgelesen	*auch:* viel gelesen
viel zuviel	viel zu viel
viel zuwenig	viel zu wenig
aus dem vollen schöpfen	aus dem Vollen schöpfen
von neuem	*auch:* von Neuem
von seiten	vonseiten, *auch:* von Seiten
von weitem	*auch:* von Weitem
im voraus	*auch:* im Voraus
im vorhinein	im Vorhinein
das vorige gilt auch ...	das Vorige gilt auch ...
vor kurzem	*auch:* vor Kurzem
[gestern, heute, morgen] vormittag	[gestern, heute, morgen] Vormittag

ALT	NEU
W	
Waggon	*auch:* Wagon
wäßrig	wässrig
weichgekocht	*auch:* weich gekocht
aus schwarz weiß machen	aus Schwarz Weiß machen
des weiteren wurde gesagt ...	des Weiteren wurde gesagt ...
weitreichend	*auch:* weit reichend
es besteht im wesentlichen aus ...	es besteht im Wesentlichen aus ...
wieviel	wie viel
wißbegierig	wissbegierig
ihr wißt	ihr wisst
Wollappen	Wolllappen, *auch:* Woll-Lappen
wundliegen	*auch:* wund liegen
Z	
Zäheit	Zähheit
eine Zeitlang	*auch:* eine Zeit lang
Zierat	Zierrat
jmdn. zufriedenstellen	*auch:* jmdn. zufrieden stellen
zugrunde gehen/legen/ liegen	*auch:* zu Grunde gehen/legen/ liegen
zugrundeliegend	*auch:* zugrunde liegend oder zu Grunde liegend
zugunsten	*auch:* zu Gunsten

ALT	NEU
zugute halten	zugutehalten
zugute kommen	zugutekommen
zugute tun	zugutetun
zu Hause	*auch:* zuhause
zu Lasten	*auch:* zulasten
jmdm. etwas zuleide tun	*auch:* jmdm. etwas zu Leide tun
zumute sein	*auch:* zu Mute sein
zunichte machen	zunichtemachen
sich etwas zunutze machen	*auch:* sich etwas zu Nutze machen
zupaß kommen	zupasskommen
zu Rande kommen	*auch:* zurande kommen
jmdn. zu Rate ziehen	*auch:* jmdn. zurate ziehen
zur Zeit [derzeit]	zurzeit
zusammensein	zusammen sein
sich etwas zuschulden kommen lassen	*auch:* sich etwas zu Schulden kommen lassen
zusein	zu sein
zustande bringen/kommen	*auch:* zu Stande bringen/kommen
zutage fördern/treten	*auch:* zu Tage fördern/treten
zuteil werden	zuteilwerden
zuungunsten	*auch:* zu Ungunsten
zuviel	zu viel

ALT	NEU
zuwege bringen	*auch:* zu Wege bringen
zuwenig	zu wenig
er hat wie kein zweiter gearbeitet	er hat wie kein Zweiter gearbeitet
jeder zweite kommt	jeder Zweite kommt

Testauflösungen

Der Greenhorn-Test – ein bisschen Spaß muss sein

Teil 1: Mut zur Lücke

Hier die Auflösung mit allen richtigen Varianten, denn manchmal sind mehrere Schreibweisen zulässig:

Vor ne**u** **r**enovierten Wohnungen sollten Sie sich in **A**cht nehmen – zumindest sprachlich.
Wenn Sie allen Ernstes glauben, eine ne**u** **r**enovierte Wohnung sei besser in Schu**ss** als eine renovierte, dann seien Sie bitte nicht enttäuscht über eventuell fehlenden Zie**rr**at und sehen Sie davon ab, gleich alles i**nf**rage/i**n** **F**rage zu stellen. Sie haben da n**äm**lich leider etwas mi**ss**verstanden und sind zwar keinem bel**ä**mmerten Makler oder poten**z**iellen/poten**t**iellen Vermieter, dafür aber einem waschechten Pleonasmus aufgesessen. Das Fremdwort *renovieren* stammt aus dem **L**ateinischen und bedeutet wörtlich übersetzt »erneuern« und da steckt – Überraschung – das Adjektiv neu bereits drin. Ein zweites ***neu*** ist inhaltlich absolut überflüssig und somit entb**eh**rlich, schließlich wird die Wohnung davon auch nicht neuer. Legen Sie sich also besser nicht mit Ihrem Vormieter an, sonst könnten Sie ihn von seiner ra**ue**n Seite kenne**nl**ernen/kenne**n** **l**ernen.
Hier gilt also die Regel: Weniger ist oft mehr! Alles **a**ndere ist zu aufw**e**ndig/aufw**ä**ndig. Wenn **S**ie **s**ich das jetzt auf die **S**chnelle nicht merken können, dann haben wir hier noch etwas ganz **B**esonderes für Sie: Gena**us**o furchtbar wie ne**u** **r**enovierte Woh-

nungen (aus sprachlicher Sicht) sind (zumindest aus Sicht des künftigen Mieters) al**t** **r**enovierte Wohnungen. Da haben wir's doch schon: Sie wollen das **e**ine nicht und die deutsche Grammatik braucht das **a**ndere nicht – insofern können Sie sich den Zusatz vor renoviert sparen.
Also üben Sie sich bitte künftig in hanseatischer Zurückhaltung, was ne**u** **r**enovierte Wohnungen, weiße Schimmel, kooperative Zusammenarbeit, wesentliche E**ss**ent**ia**ls, integrale Bestandteile, aufoktroyierte Dinge, Vo**r**au**ss**etzungen, die mit zu den **W**ichtigsten gehören, und **d**ergleichen angeht. Halten Sie sich lieber an den Rat: »Erst denken, dann sprechen.« Es ist das **B**este, Sie überlegen vorher, was Sie sagen oder schreiben wollen. Sonst könnte Ihrem vor Schreck entsetzten **G**egenüber die Gesichtsmimik entgleisen. Und das wäre nun wirklich überflü**ss**ig, oder?

Teil 2: Versmaß und Augenmaß

Hier die beiden Gedichte nach den Regeln der neuen deutschen Rechtschreibung:

Friedrich Rückert – Grammatische Deutschheit
Neulich deutschten auf Deutsch vier deutsche Deutschlinge deutschend,
sich überdeutschend am Deutsch, welcher der Deutscheste sei.
Vier deutschnamig benannt: Deutsch, Deutscherig, Deutscherling, Deutschdich:
Selbst so hatten zu Deutsch sie sich die Namen gedeutscht.
Jetzt wettdeutschten sie, deutschend in grammatikalischer Deutschheit,
deutscheren Komparativ, deutschesten Superlativ.
»Ich bin deutscher als deutsch.« – »Ich deutscherer.« – »Deutschester bin ich.«
»Ich bin der Deutschereste oder der Deutschestere.«
Drauf durch Komparativ und Superlativ fortdeutschend,

deutschten sie auf bis zum – Deutschesteresteresten,
bis sie vor komparativisch- und superlativischer Deutschung
den Positiv von deutsch hatten vergessen zuletzt.

Johann Wolfgang Goethe – Liebe
Die bleibt nicht aus! Er stürzt vom Himmel nieder,
wohin er sich aus alter Öde schwang,
er schwebt heran auf luftigem Gefieder
um Stirn und Brust den Frühlingstag entlang,
scheint jetzt zu fliehn, vom Fliegen kehrt er wieder,
da wird ein Wohl im Weh, so süß und bang.
Gar manches Herz verschwebt im Allgemeinen,
doch widmet sich das edelste dem Einen.

Teil 3: Silbentrennung tut nicht weh

Hier können Sie nun überprüfen, ob Sie alle Silben richtig gekennzeichnet haben. Gibt es mehrere Varianten, stehen beide zur besseren Übersicht nebeneinander.

Interesse	In-te-res-se/In-ter-es-se
Problem	Pro-blem/Prob-lem
Opernabend	Opern-abend/Opern-a-bend
Plastikdeckel	Plas-tik-de-ckel
Signalanlage	Sig-nal-an-la-ge/Si-gnal-an-la-ge
Februarsonne	Fe-bru-ar-son-ne/Feb-ru-ar-son-ne
Fensterscheibe	Fens-ter-schei-be
Uferpromenade	Ufer-pro-me-na-de
hinaufgehen	hi-nauf-ge-hen/hin-auf-ge-hen
Vorstandsmitglied	Vor-stands-mit-glied
Helikopter	He-li-kop-ter/He-li-ko-pter
Monarch	Mo-narch/Mon-arch

Sozialpädagogin	So-zi-al-pä-da-go-gin/ So-zi-al-päd-a-go-gin
warum	wa-rum/war-um
Chrysantheme	Chry-san-the-me/Chrys-an-the-me
Magnettafel	Mag-net-ta-fel/Ma-gnet-ta-fel
Individualist	In-di-vi-du-a-list
GRÜSSE	GRÜS-SE
Zuckerhut	Zu-cker-hut
Teltower Rüben	Tel-to-wer Rü-ben
Städter	Städ-ter
Brauereipferd	Brau-e-rei-pferd
irreal	ir-re-al
Cashewkerne	Ca-shew-ker-ne
Hektar	Hek-tar/Hekt-ar

Der Otto-Normalverbraucher-Test – jetzt mal Spaß beiseite

Teil 1: Wer weiß was?

Korrekt sind die folgenden Antworten:

1. Antwort 1a) und 1b) sind richtig. Das italienische Wort Spaghetti darf man nun auch ohne h in der Mitte schreiben. Da es sich bei Spaghetti jedoch schon um den Plural handelt, ist das s am Wortende nicht korrekt.
2. Die Sätze unter a) bis d) sind tatsächlich alle korrekt. Demnach bezieht sich die Aussage auf den einleitenden Satz.
3. Lediglich Antwort b) ist falsch. Bei Antwort d) könnte man zwar behaupten, das Thema sei verfehlt, aber die Schreibweise »Schifahrt« neben »Skifahrt« ist absolut korrekt.
4. In keinem der Sätze findet sich ein Fehler. Zwar wäre nach der deutschen Schreibweise 4c) falsch, da »zu Hause« immer getrennt geschrieben wird. Durch den Zusatz »bei uns in Österreich« wird der Satz jedoch wieder richtig, denn: In Österreich und der Schweiz dürfen Fügungen wie »zu Hause« und »nach Hause« auch zusammengeschrieben werden, also »zuhause« und »nachhause«.
5. Nein. Antwort 5c) ist falsch geschrieben. Es muss richtig selig heißen, da sich dieses Wort nicht von dem Nomen Seele ableitet, sondern von dem althochdeutschen *sälig*, das unter anderem »glücklich« bedeutet.
6. Lediglich Antwort b) ist richtig. Zwar darf die Anrede »du« im Brief inzwischen auch kleingeschrieben werden, allerdings sind »ihr« und »euch« in diesem Fall Pluralformen und keine formelle Anrede und dürfen daher nicht großgeschrieben werden.

7. Natürlich Ladys und damit ist Variante c) als einzige gültig. Ladies ist die englische Pluralform, Lady's der englische Genitiv und Ladie's die englische Pluralform im Genitiv. So toll das klingen mag, hierzulande gelten immer noch die Regeln für Deutschland, Österreich und die Schweiz.

8. Antwort a) und d) sind richtig. Herkunftsbezeichnungen auf -isch werden nämlich klein-, Herkunftsbezeichnungen auf -er dagegen großgeschrieben.

9. Diesmal ist Antwort b) korrekt, der Satz ist richtig geschrieben.

10. Ist nicht die Tageszeit, sondern das Adverb gemeint, schreibt man klein. Daher ist lediglich Antwort c) richtig.

11. Die Varianten c) und d) sind beide nebeneinander gültig und damit richtig.

12. Nein, das sind sie nicht. Während im Mindesten auch kleingeschrieben werden darf, müssen alle anderen Formulierungen groß beginnen, da es sich um Substantivierungen handelt. Demnach sind die Antworten b) bis d) falsch.

13. Wann man welche Formulierungen mit »recht« bzw. »Recht« warum wieso weshalb wie schreibt, ist zu kompliziert, um es an dieser Stelle zur erklären. Daher nur in aller Kürze: Alle Sätze bis auf d) sind falsch.

14. Tut uns nicht zwar nicht Leid (zumindest seit der letzten Reform nicht mehr), dafür aber umso mehr leid (wie schon vor 1996 und seit 2006 wieder), dass nur die Varianten b) und c) richtig sind.

15. Ganz einfach, behauptet zumindest der Duden: »Die Schreibung mit dem großen I im Wortinnern als Kurzform bei der Doppelnennung weiblicher und männlicher Formen entspricht NICHT den Rechtschreibregeln.« Und zwar ebenso wenig wie die Antworten a) und b). Hier heißt es richtig:

Direktor(inn)en sowie Vertreter/-innen. Damit wäre lediglich Antwort c) korrekt.

16. Sie sind ja keinem zu wünschen, dennoch sollte man wissen, wie man das Wort Hämorriden noch korrekt schreibt: Hämorrhoiden. Demnach sind Lösung b) und Lösung d) richtig.

17. Die Sätze klingen zwar sehr schön und bei Antwort b) und c) ist das Wort Lärche für den Baum (statt Lerche für den Vogel) durchaus richtig geschrieben. Ebenso stimmt die Behauptung in den Antworten c) und d), dass weder Baum noch Vogel im Herbst nackt dasteht. Denn beim Vogel ist das sowieso klar, und bei der Lärche handelt es sich um einen Nadelbaum und der hat kein Laub. Die vier Sätze sind dennoch alle falsch.

18. Hier die Lösungen:
    a) Als er von der Verleihung des Bundesverdienstordens zurückkam, bereitete ihm das ganze Dorf einen großen/~~Großen~~ Bahnhof.
    b) Mit seiner neuen Freundin hat Dietmar wirklich das große/~~Große~~ Los gezogen. So eine verständnisvolle Frau findet er nie wieder.
    c) Die ~~große/~~Große Koalition regiert nun schon seit über einhundert Tagen, aber von Reformen keine Spur.
    d) Vergangene Nacht war der ~~große/~~Große Wagen ganz wunderbar zu sehen.

19. Mit dem Wörtchen »abwärts« ist das so eine Sache. Je nach Betonung schreibt man getrennt oder zusammen. Liegt der Schwerpunkt auf dem ersten Teil, wird auseinandergeschrieben. Versteht man »abwärts« jedoch als Verbzusatz, schreibt man ein Wort. Demnach sind die Antworten a) und c) richtig.

20. Bei so viel Zärtlichkeit können die Antworten ja nur richtig sein – bis auf Variante c), die gibt es bei aller Liebe nicht.

Teil 2: Entweder – oder

Hier sehen Sie nun, welche der Schreibweisen korrekt sind. Um Ihnen das Ganze nicht zu leicht zu machen, haben wir auch zwei kleine Gemeinheiten in der Liste versteckt: zum einen das Wort Delphin/Delfin, bei dem beide genannten Varianten zulässig sind, und zum anderen das Wort Rhythmus, das sich weder Rythmus noch Rhytmus schreibt. Na, haben Sie sich richtig entschieden?

brilliant	☐	brillant	☒
Stegreif	☒	Stehgreif	☐
CD's	☐	CDs	☒
Akquisition	☒	Aquisition	☐
parallel	☒	paralell	☐
Lybien	☐	Libyen	☒
skurril	☒	skuril	☐
Karrikatur	☐	Karikatur	☒
Zucchini	☒	Zuchini	☐
fröhnen	☐	frönen	☒
Rythmus	☐	Rhytmus	☐
periphär	☐	peripher	☒
Stengel	☐	Stängel	☒
gar nicht	☒	garnicht	☐
nämlich	☒	nähmlich	☐
separat	☒	seperat	☐
in punkto	☐	in puncto	☒
orginal	☐	original	☒
nochmal	☐	noch mal	☒

nochmals	☒	noch mals	☐
gang und gebe	☐	gang und gäbe	☒
Seriösität	☐	Seriosität	☒
Philippinen	☒	Phillipinen	☐
bisschen	☒	bischen	☐
projezieren	☐	projizieren	☒
aufs	☒	auf's	☐
Delphin	☒	Delfin	☒
lizensieren	☐	lizenzieren	☒
Tollpatsch	☒	Tolpatsch	☐
tollerant	☐	tolerant	☒
e-mail	☐	E-Mail	☒
Strasse	☐	Straße	☒
hanebüchen	☒	hahnebüchen	☐
Einfallspinsel	☐	Einfaltspinsel	☒
Entgeld	☐	Entgelt	☒

Teil 3: Zeichen setzen

Hier zuerst die Sätze, bei denen Sie alle Kommas markieren sollten, sowohl diejenigen, die unbedingt gesetzt werden müssen, als auch diejenigen, deren Verwendung freigestellt ist. Letztere sind zur besseren Übersicht durch eckige Klammern gekennzeichnet.

1. Das blaue Kleid, das sie gestern noch im Schaufenster gesehen hatte, war leider nicht mehr da.
2. Einmal im Leben einen Marathon zu laufen, das war ihr großer Wunsch.

3. Die Möbel trafen schneller ein als erwartet. Und zwar wirklich viel schneller, als sie je erwartet hatten.
4. Ich soll meine Großmutter vom Bahnhof abholen. Sie kommt am Freitag um vier Uhr an.
5. Eines herrlich sonnigen Montagmorgens im Frühling während des Sonnenaufgangs fingen die großen schwarzen Vögel direkt vor ihrem weit geöffneten Fenster an zu zwitschern und holten sie nach nur wenigen Stunden aus ihrem wohlverdienten Schlaf.
6. Steffi hat ihr Diplom mit Auszeichnung bestanden[,] und ich habe ihr dazu gratuliert.
7. »Wieso hast du mich nicht angerufen, als du nach Hause gekommen bist?«, fragte sie ihn empört.
8. Ich hoffe, meine Absage ist noch rechtzeitig bei Ihnen eingetroffen, und bitte um Ihr Verständnis.
9. Sie fragte sich, ob er sie richtig verstanden hatte und ob er das Auto in die Werkstatt brachte.
10. Unsere chinesische Austauschstudentin kommt am Montag, den 7. August[,] an.

Nachfolgend die Sätze, bei denen ausschließlich die Kommas eingefügt sind, die unbedingt gesetzt werden müssen. Kommas, deren Verwendung freigestellt ist, sind hier bewusst nicht markiert.

1. Claudia holte ihre Freundin nach der Arbeit ab und dann fuhren sie mit der U-Bahn ins Kino.
2. Den Vorsatz abzunehmen hatte sie nicht erst an Silvester, sondern schon viel früher gefasst.
3. Anstatt für die Matheklausur zu lernen, ging Michael lieber mit seinen Freunden auf den Bolzplatz.

4. Ihre Anfrage betreffend müssen wir Ihnen leider mitteilen, dass wir in der gewünschten Zimmerkategorie ausgebucht sind.
5. Wenn ich am Sonntag nicht arbeiten muss, können wir gerne zum Baden an den See fahren, von dem du mir neulich erzählt hast.
6. Elvira sprang, ohne zu zögern, aus dem fahrenden Zug, um den Dieb aufzuhalten.
7. Durch das tägliche Training daran gewöhnt standen sie den Wettbewerb ohne Probleme durch.
8. Der Mann rief: »Jetzt bleib doch mal stehen!«, und band sich hastig den Schuh zu.
9. Genau so, mit angelegten Ohren, hatte das Pferd auch gestern auf die neue Reiterin reagiert.
10. Die Schwaben können ja bekanntlich alles, außer Hochdeutsch.

Der Profi-Test – da hört der Spaß auf

Teil 1: Ein Kessel Buntes

Vergleichen Sie die Auflösung mit den von Ihnen angekreuzten Antworten und sehen Sie selbst, bei welchen Sätzen Sie richtig und bei welchen Sie falsch lagen.

1. Als er das Plakat mit der Kinowerbung sah, blieb er neugierig vor der **Litfaßsäule** stehen. R ☐ F ☒

2. Elena ist ja **todblass**. Wenn Sie so weitermacht, dann arbeitet sie sich noch tot. R ☐ F ☒

3. Die **Mozart'schen/mozartschen** Sinfonien sind für ihn immer noch unübertroffen. R ☐ F ☒

4. Das Übersetzungsbüro kündigte seinen Kunden an, die Preise 6-monatlich um ein 100stel zu erhöhen. R ☒ F ☐

5. In **Bezug** auf gewisse Wörter hat sich bei der Groß- und Kleinschreibung auch durch die Reform nichts geändert. R ☐ F ☒

6. Bei der Klimakonferenz in Heiligendamm war wieder einmal die Rede von »Dingen der Unmöglichkeit«. R ☒ F ☐

7. Lena tat alles, um bei dem Konzert dabei sein zu können. Dabeisein war schließlich alles! R ☒ F ☐

8. Der neue Hit von Madonna landete wie erwartet auf Anhieb in den **Top Ten**. R ☐ F ☒

9. Der deutschfranzösische Grenzübergang ist schon seit einigen Jahren ohne Ausweispapiere passierbar. R ☒ F ☐

10. Als ihre Tochter zum dritten Mal deutlich später als Mitternacht nach Hause kam, sagte sie: »Das geht so nicht.« R ☒ F ☐

11. Mit so viel Glück hatte Eva nicht gerechnet. In der **Oper** lag tatsächlich noch ihr Portemonnaie unterm Sitz. R ☐ F ☒

12. Als sie den verletzten Radfahrer sah, zögerte sie keine Sekunde und leistete sofort erste Hilfe. R ☒ F ☐

13. Petra und Holger sind umgezogen. Seit August wohnen sie in der **Richard-Wagner-Straße**. R ☐ F ☒

14. Die Bemerkung des Staatsanwalts über den Angeklagten war an Rohheit nicht zu übertreffen. R ☒ F ☐

15. Als Roland merkte, dass sein Fahrrad gestohlen war, erstattete er Anzeige gegen unbekannt. R ☒ F ☐

16. Dass die Politiker ständig etwas versprechen, das sie nicht halten, **das** finde ich nicht gut. R ☐ F ☒

17. Als Laura erfuhr, dass sie die Führerscheinprüfung verpatzt hatte, waren alle Hoffnungen zunichtegemacht. R ☒ F ☐

18. In der Menschenmenge auf dem Flughafen wäre der kleine Benjamin beinahe **verloren gegangen**. R ☐ F ☒

19. Während sie das Gemüse kleinschnitt, schimpfe er: »Kannst du die Möhren denn nicht kleiner schneiden?« R ☒ F ☐

20. Die New-Yorker sind schon seltsame Menschen, aber sie sind bei weitem freundlicher als erwartet. R ☒ F ☐

Teil 2: Strich oder kein Strich – das ist hier die Frage

Bei manchen der folgenden Wörter darf auf gar keinen Fall ein Bindestrich gesetzt werden, andere wiederum brauchen unbedingt einen. Doch damit nicht genug, bei einigen ist auch beides möglich und Sie können frei entscheiden. Hier die richtigen Schreibweisen:

Apfel-, Orangen- und Birnensaft
8fach/8-fach
Ein- und Ausgang
Hot Spot
7-mal
68er
Boogie-Woogie
hin und her überlegen
Georg-Büchner-Preis
Sichausweinen
Short Story
Herz-Lungen-Maschine
4-Zylinder
PDSler
Aus-der-Haut-Fahren
Ich-Sucht/Ichsucht
Midlife-Crisis/Midlifecrisis
Inkrafttreten
Make-up
Kfz-Papiere
Tuff-Felsen/Tufffelsen
röm.-kath.
Fast Food
13-jährig
x-te

Teil 3: Jetzt wird's theoretisch

So, hier zeigt sich nun, wie firm Sie in Sachen deutsche Rechtschreibung sind. Hut ab, wenn Sie diese Fragen richtig beantworten konnten. Am besten, Sie sehen gleich mal nach und vergleichen die korrekten Antworten mit Ihren Angaben.

1. b) ist richtig.
2. Die Ausnahmen lauten dennoch, Drittel und Mittag.
3. Ob Sie es glauben wollen oder nicht, aber das Wort Bus ist schlicht und ergreifend eine Ausnahme. Es gibt keine Erklärung dafür.
4. Antwort c) ist richtig, auch wenn Antwort a), zumindest was die Aussage über Bayern angeht, ebenfalls zutrifft.
5. Die Antworten bei dieser Aufgabe sind alle falsch, denn für Auslassungspunkte gelten die folgenden Regeln:
   - Kennzeichnen sie eine Auslassung innerhalb eines Wortes, stehen sie ohne Leerzeichen, also »Sch…!«.
   - Kennzeichnen sie eine Auslassung innerhalb eines Satzes, stehen sie mit Leerzeichen, also »Ich konnte nicht …«
   - Stehen sie am Ende eines Satzes, entfällt zwar der Schlusspunkt, Frage und Ausrufezeichen können jedoch gesetzt werden.
6. Antwort c) ist korrekt.
7. Auch hier ist c) richtig.
8. Diesmal versteckt sich die Lösung hinter Antwort b).
9. Antwort a) ist richtig.
10. Ganz einfach, man muss nur ein Komma einfügen, und schon ist nicht mehr von drei, sondern lediglich von zwei Personen die Rede. Es handelt sich dann übrigens nicht um eine Aufzählung, sondern um einen Satz, in dem eine Beifügung korrekt durch zwei Kommas abgetrennt ist. Der Beispielsatz lautet dann: Gerhard, mein Cousin, und ich wollen am Wochenende auf das Open-Air-Konzert in Freising bei München gehen und dort ordentlich abfeiern.

Danke!

Ich danke ganz herzlich allen Menschen, die mir ihre Lieblings-Rechtschreibfehler anvertraut haben. Vielen Dank auch an meine Redakteurin Dunja Reulein sowie an Berrit Barlet und Heike Plauert vom Heyne Verlag und Christel Lindow-Dobmeier, die mich bei den Beispielsätzen unterstützt hat.